# 美好的愛，是先給自己幸福

女王 著

前言

# 美好的愛，是先給自己幸福

　　寫過很多關於愛與幸福的主題和書籍，很多人常會問，到底想要的愛情、幸福，和那個「對的人」在哪裡？或者是，已經步入婚姻了，但還是覺得自己不幸福，找不到幸福在哪裡。

　　我也與你們一樣，有過同樣的疑問和感慨，但我漸漸的發現，愛與幸福，其實無關單身或結婚，而是來自你自己。我們花了太多力氣去向外尋找，其實我們需要的，並不是別人給我們的，而是我們可以自己創造、可以給自己的。

　　單身的時候覺得自己不幸，那是因為我們把幸福當作別人給的禮物，如果沒有「那個人」就不會有幸福。有伴的時候覺得不幸福，是因為我們認為幸福是別人應該要給我們的，如果他沒給，我們就失落，就會失去。

　　但是，別人給的真的是我們要的嗎？我們無法給自己，也無法去給別人嗎？難道別人拿走了，我們就沒有了嗎？那麼，這樣的「愛」也不是愛，而是餽贈、交換。

　　我曾寫過《愛自己》這本書，引起很多的話題和「愛自己」的

風潮和討論。我們學會了在愛情裡要懂得愛惜自己，沒有愛情，更要好好善待自己。

在我學會了愛自己後，踏入了婚姻關係，也經營了自己想要的生活，我覺得自己變得越來越快樂、寬闊，因為我變成一個可以「製造幸福」的人，也因為我能夠付出，所以得到更多。這樣的正向循環讓我更有能力去製造更多的幸福給自己和對方。

我常寫到，美好的幸福也是一種平衡。在自我和對方中，找到一個舒服自在的平衡點。不會迷失自我，也不會過於依附對方，不輕易改變自己，卻能夠在一段關係中讓步。

幸福其實不必那麼勉強，不必那麼用力，而是一種輕鬆自在的關係。有一個人能讓你愛得那麼自在、做自己，又不必隱藏自己、委屈自己，不會害怕他不喜歡你，那是多麼幸運的事。

而這種「自在」的心，其實要花很多時間與經驗的累積，當你變得越有自信、越成熟，你才能將最好的自己放在一段最好的關係裡。

美好的愛，就像是一段美好的自我關係。你要先學著面對自己的內心，跟自己好好相處，搞定自己的一切，真實的面對自我，坦然接受自己的所有。再不斷自我成長、修練成為一個最快樂的自己。那麼，你才能去經營一段美好的關係。

幸福，原來不是去等待、去得到，而是，我們要先給予自己，再去創造幸福。

就像是，如果我希望對方愛我多一些，那麼我就要讓自己活得

值得別人的愛，我要好到讓別人願意對我好。我想要伴侶對我好一些，那麼我就要對他更好。我想要讓他持續愛我，那麼我就要讓自己值得被愛，值得被善待。

努力讓自己幸福是一種內心強大的力量，這種力量強大到，你無法讓自己不幸福，也無法讓不幸福的人事物接近你，因為你堅定的知道自己要的是什麼。

最重要的是，我學會了「不怕失去」。因為，就算別人不給我幸福，我也擁有讓自己幸福的能力。我不會因為失去愛情就失去讓自己幸福的能力，因為我給自己的幸福，無關愛情。

在生活中，難免會遇到一些讓我們感到不幸的事，但千萬記得，別讓那些不愉快的事變成阻礙幸福的絆腳石，而是把它當作成長路上的一層層階梯，一步一步的往前，不再回頭。

你會發現，你要過什麼生活、成為什麼樣的人、談什麼樣的感情，都是你自己的決定和選擇。

最美好的愛，其實就是回歸自我，先當那個給自己幸福、快樂的人，當你決定成為那個你更喜歡的自己，就能讓自己成為一個能量滿滿，豐富又富足的人。

你給得了自己的，又怎麼會怕別人不給你？又怎麼會輕易失去？不是嗎？

你會懂得一個內心充滿愛的人，其實是溫柔的，也是堅定的。

希望我們都是那個懂得給自己幸福的人，然後，更有能力去愛、去付出，去創造我們要的幸福生活。

Part3

# 得到幸福前的那一跤：
## 勇敢走出「錯愛」

Part4

# 在自我和伴侶間取得平衡：
## 一個人的自在，兩個人的圓滿

Part7

# 經營自己：
## 維持自己在最佳狀態，做個有魅力的女人

Part1

# 「自我」的課題

如何成為更自信、快樂的自己

# 從「外剛內柔」到
# 「外柔內剛」的自我修練

寫在這本書的第一篇文章，我想分享我這些年來「自我」的改變，回頭看過去，發現自己真的改變了許多，而最大的改變，就是心境上的不同。

以前的我，總形容自己是個「外剛內柔」的人，並覺得這樣的自己很好。我的內心其實很膽小、很脆弱，而且有一點點愚蠢、笨拙和粗心大意，但是我喜歡在外表上裝作很聰明、很大膽，很「敢」的一個人。因為我從小到大都想要保護自己，不想要被欺負，所以想著只要把外表裝扮得強一點、厲害一點、聰明一點，我就可以保護自己。

當然，年輕的時候多了一些銳氣，學不會什麼叫做低調，以為什麼事都要大剌剌的、直接的，才是真性情。但是那時的真性情，現在看來可能是幼稚、不成熟、自以為是，但當時的自己怎麼會懂呢？

我常笑說，我這種個性很不適合當公眾人物，但是一不小心人生卻走到了這裡，這一路上，我不斷的在學習。譬如說，有

話就說的我，可能沒有想太多、顧慮到別人；粗心大意的我，總是不小心，沒注意到身為名人隨時都會被拿放大鏡檢視；內心脆弱的我，遇到了攻擊就難過的想哭；以為自己是真性情，但可能不懂人情世故，不小心得罪了人⋯⋯

## 柔軟的力量，才是真正的堅強

有段時間，我很不能適應突然變成公眾人物的生活，受到太多注意，一舉一動都有人在觀察，把我當競爭者的人也處處在挑我毛病，用他們自己的解讀來誤解我的作品，甚至有不認識我的人來評論我的為人，於是我要面對很多謠言的惡意中傷、道聽塗說的八卦⋯⋯其實一直以來，我的心臟都不夠強，不懂得怎麼面對這些莫名的中傷，我只知道，我不應該去反擊、去傷害別人。不管我怎麼說，還是有人情願相信謠言，不管我怎麼小心，還是有人要誤解我、扭曲我，然後被迫面對一些奇怪的詛咒，像是江郎才盡、沒有人要、嫁不出去、一定會離婚、婚姻一定會不幸福⋯⋯

我的內心沒有那麼堅強，遇到這些事，我在外都表現得很大方、笑笑面對，也不會去攻擊罵我的人。但回到了家，自己常常都會偷偷大哭，不知道為什麼要面對這些傷害。漸漸的，很多事情我都默默忍耐下來，很多傷口我也默默的自我修復。

曾經想過，如果我不是公眾人物，如果沒有人注意我，我是

不是就不用去面對這些傷害了。但是過了這麼多年，我轉換了不同的心態，那就是，我學會接受。**我不去抱怨、不去反抗、不去後悔，而是學會了欣然接受，身為這個角色必須面對的功課、挑戰和歷練**。我把它當作是讓我變得更好、更成熟、更堅強的訓練過程，而不是去怨懟或逃避。

學會「欣然接受」人生中的所有挫折和考驗，把從前心中抵抗的不公平、難以理解的為什麼，和不想面對的傷害，統統變成砥礪自己成為更好的人的過程。很辛苦嗎？的確，這不容易，但是我學會了，也走了過來。

這一路走來，應該說從開始在網路上寫作十幾年、出書十年來，我在不斷的挫折、出錯、苛責和挑戰中，慢慢摸索出自己的路，也從一個內心脆弱、不夠勇敢、害怕出錯的「外剛內柔」「外強內弱」女孩，變成了現在內心強大、更有自信、不再畏懼的女人。

現在的我，**把歲月歷練的「強」放進心裡，把待人柔軟的「弱」放在外表**。原來，「外柔內剛」才是真正的快樂和自在。

我學會了溫柔，原來要當個勇敢、堅強、聰明的女人，並不是要把自己變得很剛強、很強硬、咄咄逼人，而是，願意放下身段，保持優雅。柔軟的力量，才是真正的堅強。

在與另一半相處時，我也改變了許多。原來經營一段幸福的關係，並不是要表面裝沒事，內心其實很有事。也不是要強過

他、爭輸贏、管對方，更不是拚了命要去愛，而是學會舒服自在的愛。

很多人以為我在愛情裡也是個女王，其實我身段很軟，也願意先道歉，當個表面上看起來比較吃虧的人，因為我知道，經營感情要懂得先讓步、先付出，先當那個給對方臺階的人。結婚快三年，我們的愛情並沒有因為婚姻進了墳墓，反而變得更好，我相信，婚後感情要更好，一定要靠智慧去經營。

以前，「溫柔」這兩個字似乎不會出現在我的人生字典裡，因為我總是粗心大意、大剌剌、急性子，處處想要表現自己很強。但是現在我才懂，真正的成熟是讓人覺得舒服自在，真正的智慧是似水般柔軟，真正的堅強是不必處處逞強。

原來，內心真正的強大，是因為有一顆溫柔的心。

## 不完美的人生，才可愛

現在的我，遇到了生活上的挫折或惡意的傷害，已經不會再像過去那個脆弱的小女孩一樣，無助的哭泣，感嘆為什麼別人要傷害我。而是學會笑笑的面對、不放在心上，因為，那傷不了我也無法打倒我。我只要持續的做自己覺得正確的事、走對的路、努力創作、幫助別人。那麼，那些無謂的「小事」並不會阻礙我繼續前進。

我不會用仇恨去面對想傷害我的人，相對的，我學會體諒他

們。體諒他們或許有不愉快、不順遂的心，所以把我當作假想敵。體諒他們因為不了解而誤會別人，體諒他們的快樂必須要建立在傷害他人之上。我也時時刻刻告訴自己，我不喜歡的事也不要對別人做，如果討厭被別人傷害，就不要成為自己討厭的那種人去傷害別人。

面對仇恨或傷害，我們不要去硬碰硬，也不要想著要報復、懷著仇恨過生活，而是，試著接受人生必須要有這些辛苦的過程，用溫柔的心、豁達的心境，笑笑面對生活的不如意。並且相信，只要自己走過了，未來的路必定更寬廣。

面對過去的戀情，不管是好是壞，別人傷了你，或你傷了別人，都不要再用憤怒、仇視面對，而是當作成長的過程，學習愛的歷程。重點是，你要透過這些教訓、傷痛，讓自己成熟，變成一個更值得好的愛情的人。

**不完美的人生，才可愛，不夠好的自己，才有進步的空間。**不是嗎？

我喜歡內心強大的自己，因為內在更有力量，我可以給自己更多快樂、自信，也可以帶給別人更多。因為心靈的富有，所以我可以付出更多，也因為變得成熟，我學會體諒別人。因為心胸變得更寬廣，我也懂得接受更多生活上的歷練。

在當一個名人、公眾人物這條路上，我還是不斷的學習、努力。當一個老婆，我也不斷告訴自己要成為一個更值得對方去愛的人。當一個作家，我也不斷創作，期許自己的文字可以帶

給人一些正面的力量和幫助。

我喜歡內心強韌的力量，也喜歡溫柔待人的態度。這些年來的磨練，讓我成為更好的自己，我很慶幸，不管遇到什麼事，我都不曾放棄自己，或放棄自己的原則。

如果你也是個曾經內心脆弱又要逞強的女孩，相信你也可以透過我的文字找到讓你內心變得更有力量的方法。不要害怕，懂得示弱，從承認自己的軟弱來找到讓自己變得更勇敢的方法。不管在愛情、在生活，還是你的人生態度，學會掌握強與弱的平衡，你會找到讓自己更快樂、更有自信的那條路。

我們一起勇敢的向前！做一個溫柔又勇敢、堅強而柔軟的人！

幸福，是一種內心強大的力量。

# 不必成為別人，
# 而是做最好的自己

我發現很多人的不快樂、不滿足，是因為看著別人有什麼、自己缺什麼，常用否定的態度對自己，總是想著「如果我有……那就好了。」總是不滿足的人，得到了什麼也不會比較快樂，因為他還是覺得自己少了什麼……

有趣的是，看著別人桌上的菜好像比較好吃，但是，你真的吃了，往往覺得還是自己家裡、桌上的好。而別人，不也是這樣看著你嗎？

而且，別人的人生由你來過，可能一天你就受不了。每個人的美好生活背後，都是努力來的，他得到了什麼，必然付出或犧牲了什麼。某種程度來說，這也是一種平等。

當你放棄跟別人比較、放棄成為別人，多看自己擁有的，而不是只看到自己想要的，你會過得更快樂，而且不必跟別人比，要跟自己比。

譬如說：如果我就是無法當個很酷的女生，穿粉紅色也可以穿得很快樂。如果我就是長不高，就當個最有自信的矮子。如果我無法當紙片人，就當個可愛有曲線的女人。如果我無法成為充滿文藝感的氣質文青，那就當個討人喜歡的大笑姑婆也不錯……

最後你會發現，只有當個最自在、最喜歡的自己，你才會最快樂、最有魅力，才會遇到真正懂得欣賞你的人。

努力成為一個「更好的自己」。在人生的每一刻，都喜歡「當下的自己」。

寫給每個曾經或正處於沒自信的醜小鴨，你一定要知道，你可是別人眼中美麗的天鵝！感謝挫折帶給你成長，歲月送給你歷

練，走過低潮，我們都會更好。

他不愛你又怎樣？最重要的是，你不會因為不愛你的人而不愛
自己。

# 愛自己不是為了愛情而是珍惜自己
# 曾經傷害你的人都是你人生的貴人
# 真正的快樂是沒有人能讓你不快樂
# 挫折絕對是讓你快速成長最大養分
# 別讓不愛你的人浪費你美好的人生
# 現在不好沒關係以後變得更好就行

# 打不倒你的，
將使你更強大！

　　網路上言論自由的世界，許多人都可以用任何帳號來虛擬自己、扮演另一個人，於是言論自由變成一種過度濫用的權利，所以網路上有很多匿名的謾罵、攻擊，變成習以為常。但，很多人可以去罵別人，並不能接受自己也被罵。

　　在網路上霸凌別人、酸別人，變成一種許多人會經歷、面對或會去做的事。新聞上，因網路霸凌自殺的女孩，曾讓許多人檢討這樣的惡行。但，現在網路霸凌、謠言的傷害還是不曾減少。許多人受了傷後，以牙還牙、互相攻擊，甚至搞不清楚事實，就隨著煽動的報導起舞、傷害別人。

　　不只在網路上，現實生活中也是，我們總是在求學時、交友圈、職場上，遇到不少各種形式的霸凌和言語的傷害。

　　人們總是自私的發洩了情緒，覺得別人承受得起，但，或許他並沒有你想的那麼堅強。

　　許多人因此心裡生了病，好端端的人得了憂鬱症，甚至許多孩子在霸凌的生活下成長，我們從小到大或許都經歷過被霸

凌，或霸凌別人的經驗，回想起來，是不是很希望不曾發生？你可以很輕易的在網路上罵一個陌生人，但如果被罵的是你的孩子，他因此活不下去了，你該怎麼辦？

## 不要因為別人傷害你，而去傷害別人

有些人問，要怎麼挺過網路上的霸凌，要有多大的正能量才能讓自己走得出來？我覺得最重要的是不要放棄內心相信愛的力量，不要讓仇恨使你變成了一個充滿仇恨的人，也不要讓惡意的謠言使你否定自己。

最重要的是：「可以讓別人傷害我，但不要去傷害別人。」因為復仇並不會讓你得到真正的快樂。不要因為別人攻擊你，就去攻擊別人，如果你不想成為自己討厭的那一種人，就不要去做。不去傷害別人、不攻擊別人，並不代表你輸了或你是弱者。而是，你相信你做的是「對的事」。

## 不隨波逐流，堅持去做「對的事」

從開始在網路上寫作出書到現在十幾年了，一直以來，我都不曾用自己的影響力去批評或傷害任何一個人，這大概是我始終堅持不變的事。

因為，踩著別人往上爬、炒短線或許是成名的捷徑，消費別

人、炒作自己，或許短時間內可以吸引目光、增加點閱率，但這是我真的想做的事嗎？

我曾思考過，內心覺得什麼才是對的事、對的道路呢？我認為，實實在在的認真創作作品，寫對別人有幫助的文字，讓自己的文字對別人有正面的影響力，這才是對的事，才是經營自己最正確的方法。

## 就算被批評，也堅持不去批評別人

身為名人，就算別人會消費我、消遣我、酸我、批評我……我都當作是身為公眾人物必然面對的一件事。雖然一開始會難以理解、困惑，但是久了，我也接受、習慣了，也從會難過變成一笑置之。（天啊！這真是成長的歷練啊！）

我學會很理性的去面對這樣的事情，而不用太多情緒。因為若我用了太多情緒去反擊、去罵人，這樣不也是變成我所討厭的那種人嗎？不就掉入了別人的陷阱嗎？所以「冷處理」才是最好的方法。不因為別人對你叫囂而被影響，堅持做自己覺得對的事，才是經營自己的長久之道。

我學會分辨什麼樣的意見是善意還是惡意，有建議、有幫助的，我會去檢討、改進自己，像這樣有益的評論我都會當作參考和建議。但如果只是人身攻擊、惡意的謠言攻擊，或無意義的情緒發洩，我就不會理會，也學會不放在心上。因為那沒有

意義。

　我也時時提醒自己，知道被人言語傷害是什麼感覺，所以不要去做同樣的事。寧可被虧、寧可表面上吃點虧，也不要把美好的生活過得好像戰場一樣。批評別人造自己的口業，又何必？不值得。

　當然，這樣的過程不容易，我也是花了十幾年，一路走過來，才能有比較成熟、不輕易被影響的豁達。我很感謝這些曾經想傷害我的人，讓我的內心更強大，也更成熟、更包容，修養變得比以前更好。這麼想來，他們也算是幫助了我不少。

　也因為不與人為敵的個性，後來許多曾批評我、消費我的人，也漸漸的停止了攻擊，或不小心成為了我的朋友。這也算是人生美好的意外吧！

　有人好奇問我：「那個誰誰誰在公開的網站上批評你，你會怎麼想？」我笑笑說：「其實我不會去看，也覺得不重要耶！」因為我已經夠成熟了，不會輕易受到影響。我不想看到的，也不會花時間去看。生活本來就要浪費在美好的事情上嘛！更何況，別人關注我，某個程度也代表著我們有值得被關注的重要性，那麼，我們更應該把自己做得更好。

　至於**那些不真實的謠言、誤解，和惡意的傷害，就當作美好人生路上難免會遇到的幾顆石頭，再怎麼絆腳，我們還是依然努力往前走，而不是拿這些石頭來砸自己的腳。**只要我們走得正，昂首闊步，過去的那些小石頭，就一點也不重要了。

## 當別人希望你倒下，你越要漂亮的站起來

每個人在生活中難免會遇到這些傷害和攻擊，我只能告訴你：「當別人越希望你倒下，你越要漂亮的站起來。」

當別人把箭刺向你時，你要學著把背後的箭，一根根痛苦的拔起來，你暗夜裡看著傷口哭泣，你忍著傷痛讓自己復原。然後把這些刺向你的箭，淬鍊成鋼鐵般的意志力，而不是鑄成攻擊別人的武器。

親愛的，面對別人的謠言惡意傷害，請不要讓自己被擊倒，即使痛苦、難過，還是要直挺挺的站起來，用自己的實力和時間去證明一切。當別人要酸你、唱衰你、詛咒你，你也不要中了他們的計，而是，要活得更好、活得更漂亮！

## 遇到惡意的人就當作練修養

生活中遇到那些惡意的人，就當作練修養、練EQ、練肚量，而換個角度想，某些人的惡意或許是他有難處、他不快樂。那麼，就體諒他們一下，又有何不可？

面對傷害，你可以自暴自棄、自我否定，但，你也可以努力前進，讓挫折激勵你成為更好的人。

分享我很喜歡的座右銘：「Life is tough, but we are tougher.」生活很殘酷，但我們會更堅強。打不倒你的，將使你更強大！

成為一個更有力量、更強壯的人，並不是要你去傷害別人，而是，你要把自己的力量化為「愛」去幫助別人，那才是真正的「力量」。因為你知道，聰明是一種天賦，但善良是一種選擇。恨是武器，但愛才是最大的力量。

給每個曾經歷，或正經歷痛苦的人，好好為了你愛的人、愛你的人，以及你自己活下去。或許未來某一天，你回頭看，你會感謝過去的挫折和傷害讓你成長，成為更好的人，過著更好的人生。那麼，這個傷痛就有價值了！

現在的我，也感謝人生道路中曾遭遇的那些「小石頭」，讓我可以爬得更高、看得更遠，走得更有自信。感謝那些曾傷害我的人，讓我不自暴自棄、不否定自己、不仇恨厭世，而是，成為一個更積極、更努力、更快樂的人。

**挫折讓我們成為更好的人，傷害讓我們成為懂得包容的人，仇恨讓我們學會用愛去對人。**感謝歲月的禮物，生命中的每個安排。最重要的是，我們不曾失去「相信愛」的心。


PS. 到了姊這個年紀，有什麼不愉快，喝杯紅酒、吃個美食、上個廁所就沒了，年紀大了時間有限，把時間花在讓自己開心、愛的人身上都來不及了。身心靈愉快是最好的保養品，三十歲以後相由心生，人生的後半場要自己負責！

# 內心強大，是修練；
# 外在柔軟，是修養

　　觀察很多女生，我發現有的女生明明就很善良、個性很好，對人也有禮，在愛情裡也總是拚了命的付出。但是不知道為什麼，感情運總是不太好，總是遇到一些不好的事、對她不好的人。令人很難理解到底是哪裡出了問題？

　　後來我慢慢觀察出一個結論，就是這些很好的女生，她們總是用錯的、比較笨的方法去愛人。

　　譬如說，自己不喜歡的事情卻要假裝沒事，以為忍耐一下就可以換得幸福。或是明明內心很脆弱，很需要對方的愛和關心，但偏偏表現出拒人於千里之外。或是對方犯了錯，但她總是以指責對方哪裡錯的「老師」方式，想要讓對方認錯、讓對方更愛她。

　　有的人以為總是原諒對方、維持表面的和諧，不要吵不要鬧，感情就會好。有的人覺得原諒對方，對方會因為她的原諒更愛她。有的人處處叨唸著自己付出多少，對方付出太少，但是越要對方付出卻要不到，只能自己去做。

沒錯,她們都很好,以大眾的標準來說,她們真的都沒犯錯,也沒對不起對方,都是好女人。但是,她們的錯誤是,她們用了錯的方式去要她們想要的愛情。用錯的方式去溝通、表達,想要關心,卻不懂得示弱,想要幫助,卻不敢說出口,希望對方付出,卻要不到,希望用忍耐換到愛情,卻往往失敗。

## 女人該強則強,該弱則弱

其實,女人是把「強」和「弱」放錯了地方。在該強的時候,表現得太弱、沒原則、不受尊重。在該弱的時候,又愛逞強、裝沒事,拉不下臉、放不下身段。所以,我們應該把強和弱放對地方,讓自己的內心變強、變得有自信、有自己的想法,讓自己的外表變得柔軟、溫柔、有彈性。

以前我們總以為女人要聰明、要堅強,就是外剛內柔,外表拚了命的裝堅強,把內心的脆弱和柔軟藏起來。於是,我們總是把逞強當堅強,想要示弱,卻又感到害怕。經歷了歲月,跌了幾次跤後,你才懂,原來逞強不是真的強,示弱也並不是真的弱。

真正的強大在於內心,而不是外表。真正的柔軟不是脆弱,內心越強大的人,擁有更多愛的能量可以給予別人。

原來,**我們需要鍛鍊的是內心的成熟和堅定,而我們需要修練的,是待人的謙卑和溫和。**

## 幸福不是爭贏，是不爭就贏

想要處處強過人、爭贏別人的，並不是強者。真正的強者更懂得讓，他不去計較表面的輸贏，因為他知道讓自己更好的方法不是強過別人，而是強過自己。

彎得下腰、低得了頭，不要什麼都想強過人，甚至懂得大智若愚的人，他們遇到了挫折或惡意也不去傷害別人，你以為他吃虧，其實，他更懂自己要的是什麼。

以前的我，不喜歡跟對方說道歉，也不想拉下臉來，有時候為了面子讓自己和對方不開心（我相信很多人都是如此），但後來我發現，面對你愛的人，想要幸福，就要讓自己變得更柔軟一些。

我們常說個性決定命運，仔細想想，你所遇到的每件事，你的感情、人際關係、工作……其實都是由你的個性決定。

## 懂得示弱，是最好的溝通

在感情上，如果你脆弱，就讓對方知道你的需要，如果你沒有那麼堅強，那就放下無謂的武裝，跟對方撒嬌、告訴他你內心真正的想法、真正的需要。你要說，他才會知道。你不需要逞強，也不要只甘願做弱者，而是找到強與弱的平衡。女人似水，能強能弱，又柔又剛，那才有趣！

　　我會告訴那些女人，你內心有guts，但是外在要懂得撒嬌。內心有自己想法、有原則，男人會懂得尊重你，外在願意放低自己、懂得道歉，對方也會更珍惜、感謝你。

　　示弱不是真的弱，而是內心真正強大的力量。柔軟不是軟弱，而是你有更好的修養、寬廣的心，和有智慧的腦袋。因為願意先低頭、先道歉的人，是比較懂得珍惜感情的人。

　　你的閱歷會讓你知道，內心強大，是修練，外在柔軟，是修養。當你的內心越豐富、越強大，你越能讓人感覺舒服、感受愛。能付出愛給別人、給自己，才是內心最富有的人。

# 快樂的祕訣：
# 不被情緒所控，
# 不浪費力氣討厭別人

許多人的生活總是充滿了憤怒和謾罵，但仔細聆聽會發現，他們批評的都是那些對他們來說一點也不重要的人。人們總是花了太多時間和精力在別人的錯誤、愚蠢上憤怒，但最後得到了什麼？得到了快樂？還是兩敗俱傷？

朋友問：「要怎麼不去討厭一個我看不順眼人？」我笑說：「恨一個人是需要感情的。你為什麼要對他用感情？」所以，愛的反面並不是恨，而是不在乎。

你想想，我們美好的生命時間有限，為何要浪費力氣在不重

要、不喜歡的人身上？

你傷害他，對你也沒好處，造的口業也是自己的，生氣也是自己臭臉、長皺紋，為了小事情發怒，面目可憎、說氣話，也是無端傷了身邊的人。沒有人該當你的情緒垃圾桶。

我們更應該珍惜自己的時間和精力，關注在我們在乎的、愛的人身上，討厭別人多耗損自己，不如把時間拿來關注真正重要的事、你愛的人，努力增強自己，這才是最務實的事。

更何況，別人活著也不是為了討好你，你活著也不是要討好他人。你有你的生活方式、價值觀，別人也有他的，又何必把自己的想法套在別人身上，希望別人照你的喜好做，這不也是自私嗎？

年紀增長，要學習當一個能控制情緒的人，而不是被情緒左右。當一個內心強大、主宰自我的人，而不是讓別人隨意操控你喜怒的人。

對於看不順眼的人事物就笑笑的走過、不必在乎、不需用感情。就算你再不欣賞的人，他也有他選擇生活方式的權利。

愛與恨都需要用感情，那麼，不如把感情都用在愛上吧！恨一個人多傷身，恨一個不重要的人多愚蠢，為小事讓自己不快樂更不值。

到姊這個年紀，已經無入而不自得，笑看人生，不被情緒所控，把婚姻當修行，把困境當修練，把另一半的碎唸當音樂，會生氣的小事就只有吃不飽而已（笑）。

# 吃貨都比較善良因為吃飽就開心
# 內心強大的人越不需要武裝自己
# 恨一個人是需要感情的
# 你越罵一個人代表你越在乎他
# 看別人不順眼是自己修養不好
# 心情愉快是最好的保養品

# 敬女人！
# 獻給每一位溫柔女漢子，
# 堅強小女人

時代不同，女性也不斷轉變，不斷的找尋定位和與傳統協調，很慶幸在現在，我們找到了更好的自己。

從前，或許我們是膽怯的女孩，跌了幾次跤，學習著愛與被愛，傷人與被傷害，沒自信與自信，迷失自我與找回自我。慢慢的，我們越變越成熟，也更了解自己。

我們學習獨立，卻又不失去溫柔，懂得堅強，也不失去女性的魅力，學會愛惜自己，也更懂得付出，用心經營家庭，也不忘提升自我。

這個世代，是由我們定義的，不只是宿命，也不只有女權，我們追求更多的平等和平權，還有更重要的自我實現。

女人從來不是跟男人或其他女人競爭，而是，和平共處、互相幫助。我們不要女人為難女人、拖垮彼此，而是，當一個可以豐富更多別人人生的女人。

愛自己不是自私，獨立不是不需要別人，堅強不是逞強，柔軟不是服從。有智慧的女人更懂得，不用自己的價值觀評量別人，不被別人的價值觀綁架。人生不必逼死自己，而是追求平衡。

我們可以柔軟，可以堅強，可以獨立，也可以給別人港灣。

我們學會在混亂的社會中做一個有自我堅持和格調的人、不去傷害別人、不詆毀別人、不失去風度、不隨波逐流、不人云亦云。

作為一個女人，不操作短線，而是長線。不只是為了當下，而是為了未來的自己。年輕的美好不稀奇，年歲增長的美才是禁得起考驗。

在任何艱困的挫折和考驗下，我們擦乾眼淚、忍痛爬起，帶著笑容優雅的向前走。不需要抱怨、不需要責備，也不用自卑。而是，站起來，向前走。

獻給每一個溫柔的女漢子，堅強的小女人，敬女人！

# Part2

# 女人最重要的資本

## 「獨立」讓你更有魅力

·

# 女人的趣味：
# 柔軟而堅強，獨立又可愛

跟女朋友們討論女人的「獨立」，都覺得獨立的女人很有魅力。但是，獨立並不是不需要男人，或活得像男人，而是，保有女人味的獨立自主能力。

不當女強人，也不是弱女子。學習獨立卻不逞強，懂得示弱但不依賴。擁有心態上、行為上、經濟上的獨立，但又保有女人的溫柔和可愛。她們會讓另一半知道，她們能給自己愛，也不吝於付出更多愛。不會沒有你不能活，也不會愛到失去自己。她們會給你最溫暖的支持，和最強大的後盾。

以前我以為要做一個「外剛內柔」的人，但現在改變了，我更想當一個「內在強大，外在柔軟」的女人，溫和但有原則，堅

強卻又不強勢。活
得充滿內在力量，
然後把力量化為愛
人的力量。

當女人很有趣味，
不是嗎？可以柔
軟、可以堅強、可
以獨立，也可以孩
子氣。

# 愛情與麵包，
# 並不是單選題

　　常會有讀者問我：「愛情和麵包哪一個重要？」有趣的是，通常問這個問題的都是女生。男生似乎不會為了愛情和麵包哪個重要煩惱，就好像，女人會煩惱：「工作和家庭哪個重要？」「工作和小孩哪個重要？」但對男人來說，這似乎也不是會煩惱的問題。或許，這根本不是男人該煩惱的問題。

　　是不是很有趣？為什麼女人總要做「二選一」的選擇，難道她們打從心裡認為，自己不配兩者兼有？她們總認為選擇一個就好像要放棄另一個。但，女人啊！你為什麼要局限自己呢？

　　我總是回答：「我們當然兩個都要！愛情和麵包並不是單選題啊！」但特別要強調的是，這裡的麵包是「你自己的麵包」，不是別人的。**擁有自己的經濟能力、餓不死的能力，本來就是一個人最基本的生存條件，你當然要有自己的麵包，難道，你要去跟別人要、去乞討嗎？**

　　為什麼很多女生會認為自己只能二選一，因為她們給自己設限太多，或因為傳統價值、交往的對方給她選擇上的限制。甚

至，她們自己會去放棄什麼來成就愛情。不成熟的愛情是，我為你犧牲、為你放棄什麼，改變成你喜歡的樣子，才代表我很愛你。

很多女生會為了要討好交往對象，放棄自己的夢想或事業，會覺得為了愛情，犧牲自己本來就是應該的。所以，她們不會認真工作，也不會太努力，只要有愛情就飽了，甚至，會為了愛情失去生活的其他重心，重色輕友、不理家人、封閉自己，以為只要有愛情就可以活下去，但最後往往失去了愛情，什麼都沒有。

我曾經也為了交往對象不喜歡我太受歡迎、不喜歡我當作家，而認真考慮過是不是要放棄自己的夢想。因為當時自以為很愛他，只要做他喜歡的那種女朋友，可以為了愛情犧牲自我。但是，我怎麼想還是不對，無法說服自己這樣是對的，所以我堅持自己喜歡的事業，當然最後愛情一定失敗。當時的我很傷心，但現在回頭看，很慶幸。我現在的另一半是支持我，也鼓勵我寫作的人。那麼，誰說愛情和夢想只能二選一。

**其實最大的問題不是你要選工作還是愛情，而是你根本選錯了男友！**

## 想要談一段平等的愛情，首先要有自己的麵包

我向來不能理解為了愛情放棄麵包這件事，因為如果你自己

養不起自己，連好好生活的能力都沒有，怎麼去好好愛人？

我也不能理解為了麵包放棄愛情，有些人會覺得如果對方有麵包可以分他吃，不會餓死，那麼就算不夠愛對方也可以繼續在一起。但是，現在的社會這麼現實，你怎麼能保證他可以分你吃一輩子的麵包、他永遠有麵包可以吃？或他哪天不愛你了，一口麵包都不給你了，你還要為了拿不到的贍養費跟他打官司？

這年頭，不要去相信對方跟你說：「我會養你一輩子。」或許當下聽了很窩心，但是理智一點想，我們誰都無法保證一輩子的事情。或許，他的一輩子，只是一陣子。而且，被他養，也不一定比你自己賺還開心啊！說不定還要看人臉色、為了一點錢被糟蹋、沒尊嚴，又何必？

年輕的女生或許會覺得說麵包重要很世俗。（再強調一次，是自己的麵包喔！）但是，問一問年紀大一點、有社會歷練的女生，她們會笑著跟你說：「我沒有愛情不會死，但是沒有收入才會死！」事實上的確如此，愛情不能餵飽你，但是你要吃飯、要繳房租，你不能沒有麵包。

沒有愛情不會死，或許你還活得比談戀愛的人快樂，但是，沒有麵包，你卻會餓死。

**想要談一段平等的愛情，受到尊重的關係，首先你要有自己的麵包。**經濟獨立，你才能主宰自己的人生，當你想要什麼生活，不必看人臉色、不必跟別人拿，才能自在、自由的過自己

想要的人生。

我曾聽過沒有經濟能力的女生說，跟另一半要求買雙好一點的鞋還要凹好幾次對方才買。旁人會覺得：「哇～他送你這雙鞋，對你好好！」但我卻想著：「我想要什麼鞋自己買就好了，不求人這樣不是更快樂？」或許，每個人要的不同，但當個有自己麵包的女生，不是更自在嗎？不管你的麵包是大還是小，你都有決定權。而不是把決定權交到別人手上。

## 愛情和麵包，以上皆是

如果有人再問你：「愛情和麵包哪個重要？」你會說，都很重要，而且你兩者都要。這本來就不是二選一、單選題，人生本來就有很多選項你都可以「以上皆是」，只是你設限了、局限了自己。

當一個擁有麵包的人，你可以跟另一半一起分享彼此麵包不同的美味，他可以請你吃飯，你也可以請他吃飯，這樣不是更浪漫？而且，你會更懂得為他的麵包著想，捨不得他付出太多，不是嗎？

不要覺得別人一定要為你付出，總是付出的那個人有一天也會累的，如果我們也可以付出，彼此互相，不管誰多誰少，那都是生活的樂趣啊！

我的另一半有時會開玩笑說，不好意思沒辦法給我過太好的

生活。我笑說，賺多賺少，還不是吃一樣的飯，能吃多少？重點是日子要過得開心。幸福和快樂才是最無價的。我們都爲了自己的麵包努力，然後開心的分享彼此麵包的香甜，這是最快樂的平衡。

如果你沒有愛情，就爲自己的麵包好好努力，爲夢想、爲工作、爲了成爲更好的自己努力。你讓自己過什麼生活、成爲什麼質感的人，就會遇見跟你一樣價值觀、生活型態的伴侶。這也是一種吸引力法則。不必攀附別人，也不必委屈自己。

**不必爲了別人的麵包放棄自己內心對愛的追求，也不要爲了愛情就失去了自己的麵包。**

人生，你會選擇「以上皆是」。

# 獨立的人，
# 才能當一個好伴侶

　　常會聽到許多女生說：「如果有人依靠，我也不想堅強。」或是「如果可以，我也不想聰明獨立，有人可以依靠多好！」「如果有人陪，我也不想逞強。」之類的話。大抵就是許多女人會覺得，其實自己也不想要聰明、能幹、堅強（裝堅強）……當一個這麼累的女人。而很羨慕那種，有了另一半就可以有人依靠，有人幫你處理好所有的事情、照顧你的一切，那才是幸福。

　　其實乍聽之下也很合理，人在孤單寂寞覺得冷的時候、失意喪氣的時候，難免會覺得自己不幸，而如果有個人來拯救他、陪伴他，那就可以遠離不幸。尤其是單身的人，看著別人幸福的感情或婚姻時，更有這樣的感慨。

　　但是仔細想想，難道找一個伴就可以解決這麼多問題嗎？如果可以，那麼談了戀愛的人、結了婚的人，就保證一定比較幸福快樂嗎？如果是，為什麼離異、離婚的人還是這麼多？難道找到一個好伴侶，就能解決人生所有問題嗎？

## 不獨立的人，無法當一個好的伴侶

慢慢你會發現，有一種人是談了愛情就把生活的重心都放在對方身上，限制、控制對方行為（因為愛你所以管你），或把對方對他的限制當作愛情。人生中其他的事情彷彿都不重要了，工作不認真、疏遠朋友和家人，也沒有自己的社交和興趣，生活上漸漸變成一個沒有進步的人，唯一的重心就是對方。

於是他們往往把對方壓得透不過氣，過於關注讓自己更沒有安全感，總是要黏在一起才能證明相愛，最後不幸失去了愛情，才發現自己這幾年來到底做了什麼？錢沒存到、工作沒有進展，甚至朋友也遠離了。於是失去了愛情，他們更不甘心。

我也曾遇過有的女生說：「只要哭就能解決問題。」所以遇到做不到、不想做的事情就哭，男生就會幫她做。但久而久之，人也會累，如果你在一段感情裡不去付出，只想要對方奉承你，最後也會失去平衡。

於是你會發現，**不夠獨立的人，談了愛情就會變成溺水的人，緊抓著浮木，無法前進，**也覺得愛情就是能拯救自己不幸的唯一。

當然依賴和陪伴是感情裡美好甜蜜的部分，但如果過於重視愛情失去自我，或因為太依賴對方給他太多壓力，兩個人變成互相拖累、牽制，這樣並不是健康的愛情。

## 另一半要為你的人生負責嗎？

我也看到不少人，把自己的幸福、人生都押注在愛情和伴侶上。他們會覺得自己不開心、不幸、人生不順、不得意，都是因為對方不夠愛他，沒有給他幸福的生活。甚至失戀了、離異了，之後總總的人生不順，都怪罪到對方不愛他這件事上。

但，別人無法永遠為你的人生負責，就算失去了愛情或婚姻，你更應該要對自己的人生負責。

以前的父母可能以為只要嫁給一個經濟不錯、愛你的男人，這樣就是幸福。但現在的社會離婚率這麼高，婚姻經營大不易，找個看起來條件好的對象已經不是保證。所以，與其要把人生押注在婚姻、遇不遇得到好男人這件高風險的事情上，不如想想如何讓自己就算遇不到好對象，也能靠自己過得好，就算遇到了壞對象，也能靠自己扭轉人生。

## 獨立與陪伴是美好的平衡

觀察一段感情要長久經營，其實並不是誰要依賴誰，而是他們本身都是獨立的人，都擁有自主的能力，而在相處上又能互補、依靠，可以得到獨立和依靠的美好平衡。

以我自己為例，因為我本身就是滿獨立的女生，所以結婚後，我也繼續工作，發展自己的興趣，經濟獨立也讓我擁有人

生自主的主導權。也因為我的獨立，所以我可以給另一半幫助和後盾，讓他不用太擔心我，才能好好在他的工作上努力。因為我深信，我能夠照顧好自己，才能照顧好他，不成為他的負擔。

我常笑說，我很懂得軟硬兼施，要當個獨立堅強女人，也是個懂得撒嬌，身段夠軟的女人，在陪伴對方時，懂得放下身段、彎得下腰，但在自我的另一面，思想、行為和經濟上都是獨立的。所以，我可以在自我和與另一半相處上得到一個快樂的平衡。

簡單來說，保持自我的獨立和相處上的互相依靠，不失去自我，又能給予對方力量，這是最美妙的平衡。

## 遇到好伴侶的人，本身也是好伴侶

很多人看著幸福的伴侶會羨慕，覺得她遇到了一個好男人。但說實在的，觀察很多幸福的組合，**其實能擁有一個好伴侶，通常本身也是一個好伴侶。**

感情和婚姻經營都是互相的，你看到別人享受幸福的那一面，卻看不見他私底下的付出。天底下沒有人可以好運到，什麼都不用做就可以幸福，這並不是中樂透啊！而幸福，也不是只要找一個好伴侶就好，如果你沒有付出，又怎麼有收穫呢？

很多人總是認為幸福是「外求」，是對方要給予他的，但其

實，自己若沒有給自己幸福和快樂的能力，別人也永遠無法滿
足你。

　　所以我常說，要遇到一個好伴侶前，先讓自己成爲「好伴
侶」，當你越好，你才值得更好，不是嗎？

　　先學會獨立，不管單身還是有伴，你都能讓自己幸福快樂。

# 能一個人好好生活，
# 才能創造你要的幸福生活

　　跟朋友聊到許多感情問題，她說：「他們最大的問題是，無法一個人好好生活，總是怕孤獨、無法獨立，所以怎麼找都不會是對的人。」

　　想一想，似乎是如此。因為，他們會遇到利用怕寂寞的弱點來騙你的人（詐騙集團最常用），利用你個性不獨立來支配你、控制你，也因為你害怕一個人，沒有生活重心，所以容易被有目的接近或占便宜。

## 寧缺勿濫，還是寧爛勿缺？

　　也常聽到許多人害怕沒人陪，所以沒魚蝦也好，遇到已婚的也不拒絕，甚至跟一個自己也覺得不適合的人浪費生命。難道跟爛人睡也比沒人陪好嗎？

　　我常比喻，他們就像不會游泳的人拚了命要找浮木，以為緊抓著浮木就可以存活，於是誤把飄過來的垃圾都當成真愛，緊

抓著不放，覺得沒愛會死。但其實，你得先學會游泳，你要找的伴侶不是浮木，而是可以跟你一起前進的對象。

沒有人可以拯救你，只有你學會好好生活，才能活得快樂，才會找到一個跟你一起創造快樂生活的人。

我常在文章裡寫到，獨立和自主，跟單身或有沒有伴無關，不管你是一個人還是有另一半，都要學會與自己獨處、學習獨立。你不是一定要有人愛、有伴侶才快樂，而是，你要先給自己快樂。

## 不要把垃圾當作救世主

千萬不要因為怕寂寞而隨便把垃圾當浮木，那只會讓你越愛越寂寞，越愛越不快樂。

很多人會說，很想要交男友、想要擺脫單身，我都會跟他們說，你們才應該要好好享受單身。通常越急著交，越容易不小心亂愛上不該愛的人，或把只想玩玩的人，當作是真愛。

## 學會享受與自己相處吧！

很多人害怕一個人，怕孤單寂寞，但是，你越害怕，才越要去克服你的恐懼。

你要學會好好的享受與自己相處的時光，去做自己喜歡的

事、專心的做自己、討好自己、善待自己、好好愛惜自己。更趁著單身的時候豐富自己的生活，去學習新東西、提升自己，你會變得更喜歡自己。

即使有伴侶，我也很享受自己的時光，也喜歡當一個獨立自主，不只是互相依靠，而是能給對方依靠和港灣的人。

不要總是怕一個人，而是學會接受、享受，一個人吃飯也很快樂、一個人看本書、靜靜的思考，也是莫大的享受。即使結婚了，我也很享受自己獨處的時光，寫寫文章、看書、靜靜的做自己喜歡的事、和朋友出去……我有很多喜歡的事情都可以自己去做，不一定要拉著對方陪著我。當然，我也很尊重對方有他獨處的時光，**每個人都有自己要忙、要做的事，成熟一點的愛情是，我們更懂得尊重彼此，給彼此空間。**

## 靜下心來，你才知道自己真正要什麼

在遇見另一半之前，我過往的感情也是一直不間斷，直到後來，我真的覺得這樣一直約會、曖昧、談戀愛，其實也很累，尤其自己也沒有很喜歡對方，或是談的戀愛也不是多快樂、多有質感，這樣也挺浪費時間和心力的。所以後來在遇見另一半之前，我有好一段時間的空窗期。

現在想起來，我很慶幸當時有留給自己一段空窗的時間，好好的把時間花在自己身上，享受獨處。我也曾經在文章裡寫

過，我用了「斷捨離」的概念，好好的清理了自己的生活，在我之前的書《相信你值得幸福》裡就有寫到這段過程。

我也了解了，與其跟可有可無的對象消耗生命，談那些沒有營養、不會有結果的愛情，對當時的我來說，是完全沒有意義的。那麼，不如把時間花在自己身上，好好做自己想做的事情，也靜下心來想想，自己要的到底是什麼。

當時的我三十五歲了，終於覺得自己該定下來了，所以認真的想找個穩定、可以一起共度生活的靈魂伴侶在一起。很巧的是，就在那個時候，遇到了我的另一半。

老實說，如果我還是過著單身時渾渾噩噩、到處約會，不知道自己要什麼的生活，我是不可能定下來，也不會遇到我的另一半的。所以自己先靜下心來真的很重要。

## 享受一個人，是你的功課

如果「無法一個人」是你的死穴，那麼，你更要去學習、去面對，不管是在生活上、愛情上、親情上，我們都需要好好學習能夠一個人好好生活。停止依賴，學習獨立。

最重要的是，幸福是你自己先創造的，而不是別人給你的。不要當一個等待愛情的人，而是，先讓自己充滿愛的活著，你才能吸引到有質感的愛情。

# 管別人，
# 不如顧好自己

常聽到有人在生氣，抱怨交往對象跟別人曖昧、為什麼要在臉書留言 tag 誰、為什麼要讓別人來亂留言、為什麼要加誰好友（曖昧對象或前任）之類的，吵也吵不完。看看還年輕的他們，我都很想拍拍他們肩膀說，姊也是過來人，年輕時的我也曾會為了這種「小事」弄得自己不開心、吵架。但現在我只能告訴你，我絕對不會浪費時間浪費力氣，在那樣的人身上。

因為，你只是不想承認，他沒那麼愛你、沒那麼在乎你。你非得要他去證明什麼來表示愛你，那都不是真的。只有他心甘情願、自願去做什麼，才是真的。

好的伴侶，不用你去管，不好的，你管也沒用。對的人，你不

會想管他，錯的人，你綁他在身邊，他也不一定愛你。如果總是要花力氣去管對方，你才有安全感，不如把時間力氣花在自己身上，去提升、經營自己。讓自己變得更好、更有自信，在工作和專業上更有表現，那不是更踏實？

有人問：「如果變得更好、更有自信，他就會更愛我嗎？」這沒有絕對，但與其追著人跑，不如讓自己好到讓對方想追著你。害怕失去他，不如讓自己優秀到對方捨不得失去你。而且說不定，你讓自己變得更好、更有自信，你也不會再想黏著那個不夠愛你的人了。

說到底，還是要有自信，而自信就是經營好自己。管別人，不如管好自己、顧好自己。

#不用一直管東管西的女人更有魅力
#不怕失去對方對方才更怕失去你
#輕易就能失去的也不是真的愛你不用可惜
#不用管別人你會更快樂

# 無關愛情，你都要有
# 「好好照顧自己」的能力

　　時常聽到一些單身的女生朋友說：「好想要有人可以照顧我喔！」或是生病了、低潮了，會說：「如果這時候有人可以照顧我就好了……」乍聽之下好像很合情理，畢竟在單身時，空虛寂寞覺得冷時，誰不會想要有人來照顧。

　　但是，如果一直把照顧不好自己，歸咎於「因為沒有人照顧我」「因為我單身」，那麼，不把自己照顧好，又是誰的責任呢？

　　曾看過有不少女生，在談了戀愛後，自動變成了生活白痴，凡事都要對方效勞，當司機、當奴隸，隨傳隨到，打點生活大小事。

　　也有的女生因為很想出國旅行，但自己又沒有行動的能力，於是把另一半當作私人旅行社，希望他可以做個稱職的導遊、導航，滿足她想要的行程。也有的人平常生活一團亂，家裡像是戰場，只希望找個對象可以當他的家政婦、清潔工、廚師、幫傭。

## 不要因為害怕孤獨而亂愛

因為一個人無法好好過生活，所以才要找另一個人一起來「創造美好的生活」，你覺得可行嗎？

因為一個人害怕孤單寂寞，所以要找另一個人來共享體溫、分享棉被，這樣才能找到愛、擺脫寂寞的感覺，你覺得可能嗎？

因為一個人內心受傷、委屈又不滿、憤世嫉俗，所以找一個人點燃自我照亮別人，無止境的取悅你、照顧你的負面情緒、當你的垃圾桶，你覺得他承受得起嗎？

## 學會能一個人好好生活是最基本的

很多人無法好好的跟自己相處，容易害怕寂寞，甚至無法一個人吃飯，把無法一個人好好生活都怪罪於沒有伴，無法對自己好一點，因為沒有對象。

一心只期待找個人來拯救自己（這什麼年代了），能幫忙把自己從低潮拉出來（對方還要當你的心理醫師），最後也把自己的快樂託付在別人身上（因為你讓我不快樂），這樣的愛情，會不會到最後令對方覺得好累？

當然，有了穩定交往的對象、結婚後，有了人陪伴，當然會得到比單身還要好的照顧（如果運氣好的話），但是，如果把

自己的幸福快樂都讓對方負責，**他對你不好，你就不會對自己好，他讓你不快樂，你就失去了快樂的能力。那麼，沒有了愛情，你還剩下什麼？**

所以你會看到很多人談了戀愛後，容易生悶氣，因為等著對方來討好他，總是不開心，因為對方猜不到他的心思，自己悶悶不樂，要對方來安撫他，總是否定自己、說些多麼討厭自己的話，只希望對方來肯定他、來說愛他。不告訴對方自己到底要什麼，要對方拚命去猜，猜不對還要給臉色，這不是很孩子氣的行為嗎？

或許一開始，對方因為愛你、疼你，會百般的配合、安撫你、照顧你的情緒，但是，久了後，他也會累啊！

## 先解決自己的問題，再去談愛情

我常覺得，一個不獨立的人，勉強拉一個人來陪自己，結果越依賴對方，越失去平衡，最後，你只會越來越失望，讓對方的壓力越來越大。因為自己個性不獨立而去談的愛情，找的浮木，最後還是無法拯救你。

如果你覺得自己的不幸都是來自於沒有伴侶，那麼，你不但無法讓自己快樂，也無法找到一個可以跟你一起分享快樂、創造快樂的人。

所有的感情問題，最後還是回歸到自己身上，而不是另一

半。自己的問題要先解決，才能談一段好的戀情，如果你沒有好好照顧自己的能力，也不可能永遠只想找人來解決你的問題、拯救你的困境。如果談戀愛、結婚可以解決你的人生問題，那麼，又為什麼這麼多人分手、離婚？

從另一個角度來說，如果你是一個無法讓對方覺得跟你在一起是1+1大於2的人，為什麼他要跟你交往？如果在一起後，只剩下猜疑、恐懼、爭吵、不快樂，那麼，這段感情還有什麼意義？**感情的激情消逝後，最後能好好在一起的，其實就只是「相處起來不累」這麼簡單的事情。**

## 好好照顧自己，是你的責任，不是別人的

你要有讓自己好好過生活的能力，不管有沒有愛情，你都能活得好好的，那麼你談的愛情，也會是兩人在一起變得更好的愛，而不是互相拖累、一起退步。

你懂得讓自己過得好，是因為你懂得自己要什麼、不要什麼，你珍惜自己、尊重自己，你懂得拒絕、知道界線。你知道自己的脆弱，你懂得如何增強自己，你知道什麼朋友可以交、什麼事情可以避免，你知道要怎麼提升自己，而不是人云亦云。你知道，你要的是什麼樣的愛情。

你不會讓那些不愛你的人浪費你的生命，你也不會讓別人來糟蹋你的愛情。

不要把照顧自己當作是別人的責任或義務，即使他有多愛你，那都是你的責任，不是他的。

即使結婚後，我也依然努力的讓自己維持在自己喜歡的狀態，保持自己不斷前進的動力，因為我知道，只有懂得顧好自己，我才能照顧對方，只有我讓自己先快樂，才能把快樂帶給對方。

**顧好自己不是自私，而是最基本的事。不讓對方為自己煩惱，是一種體貼。**

不要凡事把愛情擺第一位，第一位應該是你自己，把自己照顧好，你才有能力去愛人。讓自己快樂，你才能付出幸福。捨得對自己好，你才值得別人對你更好。

# 沒有人應該永遠愛你，
在感情裡也要保有自立的能力

　　現在常聽到許多感情和婚姻的問題，有些人會問已婚的我：「會不會怕婚變？會不會怕另一半外遇？」

　　我笑說：「我都是抱著他隨時可能會離開我的心情，所以做好萬全的準備，把自己顧好，最重要的是，要好好珍惜感情、經營感情。」當然，也有人覺得這樣會不會太悲觀了？感情好好的為什麼要去想對方可能離開你？

　　因為我發現，很多人在感情生變的時候，都會很錯愕，會憤怒的認為，對方本來就應該愛我（一輩子），怎麼可以說變就變，說不愛就不愛？但是，**感情這種東西就像人的變化一樣，你不能預料幾十年後你們還是一樣，說不定不是他變了，而是你變了，更多情況是感情變了，這是我們一開始談戀愛、結婚時所不會想到的。**

　　常看到有些女生婚後或生子後當家庭主婦、全職媽媽，她們覺得很安心可以專注於家庭，但是許多婚變發生後，最大的受害者往往是這些自己沒有經濟能力的女人。

## 不要理所當然覺得他會愛你一輩子

所以，我覺得在一段感情裡，就不要「理所當然」的認為「他應該要愛我一輩子」「他會養我一輩子」，人如果不會變當然很好，但如果變了，你要怎麼保護自己？你能獨立生活嗎？如果他不愛你了，你要怎麼辦？

有些人會覺得在一起久了、結婚了，很多事情就不去用心，對對方的態度也跟以前不同，覺得拿到結婚證書就是幸福的保證，甚至也不去經營感情，到最後，好一點的變成「家人」關係，差一點的變成「室友」。

其實我覺得這是一件風險很高的事情，**如果沒有持續的經營夫妻感情，只單靠孩子維持，或靠對方的道德感和良心維持，實在是很危險的事情。**

在一起久了，覺得對方本來就「應該」接受他的一切，於是對另一半盡情的發洩負面情緒，在外對人有禮客氣，回家後對另一半無理又無禮，甚至大小聲。覺得伴侶就應該要接受自己的一切，但是卻沒想到體諒對方的感受。久了後，感情就越磨越淡，甚至爭吵不斷。

也有人會覺得對方的付出都是應該的，對家庭的付出、對另一半的付出本來就是理所當然，少了感謝，也少了體諒。甚至只希望對方付出、改變，自己卻吝於付出和改變。久了後，對方也會疲憊。

## 隨時都為人生的風險做最好的準備

每個人結婚都是希望能患難與共，相愛到永遠，但是現實生活中有許多人並不是如此。如果抱著「對方應該要永遠愛我」的心態，你不會有危機意識，也會覺得對方做什麼都是應該的，有可能你不再自我提升，或對他的態度不像從前。

但是，如果你擔心感情生變、對方可能會離開你，那你就會更懂得珍惜、也更曉得經營感情和經營自己有多重要。

這不代表我們不要相信永恆，而是，我們更要努力的把當下活得更好，愛得更用心。

## 就算失去感情，也絕對不會失去自我

所以，即使在愛情中、婚姻裡，也要隨時保有「自立」的能力，不能總是依賴別人，也不要對感情予取予求，因為，感情也會消耗掉的，不一定有人可以讓你靠一輩子。

你能享受兩個人的世界，但也要能夠享受一個人的時刻。保有愛情和自我之間的平衡，而不是偏到某一方，失去了重心、失去平衡。

愛情這種東西，並不是越牢牢的抓緊，就是屬於你的。也不是越消耗犧牲自己，就能夠維繫。而是，你要有「就算失去感情，也絕對不會失去自我」的意識，就算有一天感情不在，你

都還能好好的爲自己而活。

　保有自立的能力，並尊重彼此的差異。先照顧好自己，再去照顧別人，願意付出愛，也懂得愛惜自己。**當你越自信、越快樂，你的感情也會越美好。幸福不外求，而是先從自己內心開始！**理解感情需要彼此一起努力經營才能持續到永恆。不必因爲害怕失去就失去信心，而是將每一天都認眞的過、認眞的愛，把握當下即是永恆。

# 做一個有選擇權的人

因為經常寫作女性議題的文章，偶爾會被稱為女性主義者，我都笑說，我不是，我追求兩性平等。但我不仇男，我愛男人（笑），我的讀者男女都有。

我們這一代算是幸運的，從成長、受教育和工作，甚至是步入婚姻，我們女人跟男人並沒有很大的差異。我覺得最重要的是，現在的女人有能力，有選擇的自由。有選擇要婚姻或不要婚姻的自由。選擇自己想要過什麼樣人生的自由。從前的女人，往往是沒得選的。

但，現在的「不平等」並不一定是女性是弱勢，而是每個人都會遇到不同的霸凌和歧視。

身為女人，最難理解的是女人何苦為難女人，最不願看到的是，你用你受過的傷來傷害別人。像是，你最痛恨霸凌，但你卻霸凌別人。你最討厭哪一種人，你卻成為了那一種人。

在這個社會，我們每個人的身上總帶著傷痕，但，不代表我們受傷了，就要傷害別人，我們承受不公平，就不讓他人有追求平等的權利。

追求女權，追求自己的權利，但我們也要努力當個維護別人權利的人。就算你不欣賞的人，只要不傷害到別人，他也有追求他想要生活的自由。

你可以不欣賞，但你的心可以更寬廣。你可以不認同，但你可以學會包容。

做一個有選擇權，也尊重別人有選擇權的人，我覺得是更成熟的態度。

Part3

# 得到幸福前的那一跤

**勇敢走出「錯愛」**

# 有一天你會知道，
# 「失戀」是上天送給你的禮物！

當你困在執著和痛苦、不甘心時，以為人生快毀了，無法再去愛了，請相信，最糟的已過去，好運要來了！

現在遇到失戀、失婚的人，除了感到惋惜，也會說「恭喜」，因為，經歷了許多，我們更懂，離開了不愛你的人，是天大的福氣！你拿回了愛的能量，好好愛惜自己，從錯誤中學習，讓自己成長變得更好，這是你給自己的禮物，沒有人拿得走！

唯有放下虛假的、自欺欺人的偽幸福，你才能找到真正的、屬於你的幸福人生，狠下心來，放掉那不會讓你真正幸福的人吧！最糟的已經過去，未來只會更好，不要再讓過去絆住你的未來。

曾經在最難熬的時候，我在桌上貼了這句話：「Tomorrow is another day.」哭完，明天醒來，又是新的人生！

送給每個勇敢、決定要勇敢的你們！

# 是不幸選擇你，
# 還是你選擇了不幸？

　　有一次，跟一些女生朋友在一起聊天，聊到某個共同認識的女生朋友的感情悲慘故事，她長得漂亮又聰明，也有很不錯的工作收入，結果愛上錯的人，另一半沒有責任感又劈腿，還會打她，不務正業又騙她的錢，她賺錢養他，他還拿她的錢去劈腿。女生又痛苦又無法離開他，大家直說心疼又無奈，好端端的大美女，居然愛上這樣的男人，把自己搞得很慘，都覺得很可惜。

　　正當大家在批評她的男友有多爛，義憤填膺時，男生友人突然很冷靜的說了一句話：「你們都怪那個男生，其實是女生有問題。你們不覺得問題在女方嗎？她可以選擇不要，但為什麼還要跟他在一起？」一語驚醒夢中人，也是，既然覺得對方這麼爛，為什麼還離不開？

　　**既然已經知道對方是「錯的人」，為什麼還要繼續錯下去？那麼，到底是對方的問題，還是你的問題？**這真的是我們要好好思考的問題。

## 是爛人糾纏你，還是你捨不得離開爛人？

我們常遇到很多朋友哭訴著自己遇到了多爛的交往對象、另一半，有些誇張到讓人覺得簡直比鄉土劇還扯，譬如遭到對方父母當面羞辱、對方是詐騙集團、隱瞞已婚、交往多年才知道自己是小三、光明正大劈腿不怕你知道、跟小三聯手羞辱你、欺負你、糟蹋你，你懷孕他就外遇、愛嫖妓……我們聽了也會安慰鼓勵，希望朋友可以走出來，不要再被糟蹋。

但是，往往很多時候讓我們無力的是，他明知道對方有多差、不愛他、汙辱他……但還是不願意離開。

於是時間久了以後，那個讓自己陷於愛情悲劇裡的人，還是四處訴苦、流淚痛訴，他們覺得自己怎麼那麼不幸、那麼倒楣，為什麼會遇到這樣的爛人？

我常聽到有人會說，別人命好、運氣好，所以感情順利、婚姻幸福，遇得到對的人。偏偏自己就是命不好（還有人會說自己是「小三命」），遇不到好的人，注定命運坎坷、情路不順……

但是，我多年的觀察發現，或許運氣不好是有的事，但是**別人命比你好，感情路比你順，並不是他們從來沒有遇到挫折、沒失戀過，或這輩子沒遇到過爛人，而是，他們比你更懂得「放手」。**

## 擁有幸福的人知道什麼時候該放手

他們在遇到那些會讓自己不幸的人的時候，懂得放手、停損，不讓自己的人生賠進去，就算遇到挫折，他們懂得趕快站起來、學起經驗，不要再犯。所以他們看起來情路比較順遂，但那不一定是他們運氣比較好，而是他們比你懂得放開讓他不幸的人。

有些人的確是容易遇到不幸，例如在感情上所遇非人、總是被騙，或許一開始是倒楣，但是累積幾次後，仔細想想，是不是你自己的擇偶眼光也有問題？不要說世界上沒有好男／女人，而是為什麼你總是愛上不好的？總是挑到爛的？為什麼那個爛的要來愛你，不去選別人？

那麼，是不是你有什麼特質會吸引到爛人，只是你自己沒有發現，或你不願意承認。我們常在檢討、責怪別人，但很少檢討、反省自己。遇到了不幸，總是責怪不幸，但是沒有想過，我們為什麼會讓自己不幸？

## 你是不是爛人的菜？

我也曾聽過那些女生口中的爛人，他們很誠實的說，會挑選的對象都是那種性格上有盲點的女生，譬如說：沒有自信、沒有主見、容易被男生牽著走、好控制、好騙、容易被誘惑……

那麼，他們就可以很輕易的吸引你的注意再傷害你。所以反過來想，不要成為爛人的菜，也是我們自己要做的功課。

我們也會在感情上犯錯，談了錯誤的感情、愛上錯的人，這都是學習的過程。重點是，我們不能明知道是錯誤，還要一直錯下去不回頭。

就像那個男生朋友說的：「她不能怪男友爛，因為那是她的選擇。如果她已經知道他這麼爛，還要跟他在一起，那是她自己的問題。」很中肯，也很殘酷。

## 培養我們自己的眼光

這世界上本來就是什麼樣的人都有，我們不能怪別人爛，那是他自己的問題（那也是他的人身自由啊），也可能是他本來就不愛你（但是你又不願意接受），你可以不要去愛他，那麼，他也不會傷得了你。如果你不小心被他傷了，那麼傷一次就夠了，不用再次被傷，甚至毀了自己的人生。

就像我曾經做過一個比喻，**你不要怪別人踐踏你，而是你自己不要躺在他的腳底下。你站起來，他自然就踐踏不了你。**如果你要一直躺在他腳下，又一直怪他為何要踏你。那不是很怪嗎？

有些人覺得，愛到了，人生不能選擇，命中注定，所以只好相信宿命。甚至覺得自己無力改變自己的人生，只好自我欺

騙，帶著痛苦過一生。

　　但是，你還有大好人生，還有好幾十年要過，你就這樣放棄了嗎？

　　難道你不相信自己？離開了一個爛的，就不會再遇到好的嗎？不管遇不遇得到好的，至少，你離開了他，你就會變得更好。不是嗎？

## 執著只會讓你賠上更多

　　看過身邊太多例子，當你選擇了不幸，賠上了太多，執迷不悟，到最後覺得自己人生也只有「不幸」這個選項了。很多時候，人生的不幸都是自己造成的，我們卻拿別人來責怪，但你的人生並不是他要為你負責，而是你自己。

　　也有許多人，忍痛放棄、放下那些致命但錯誤的愛情，找回了自己，也找到了快樂。很多時候，你不得不相信，幸運是自己創造的，不幸，是自己製造的。是不幸選擇了你，還是你選擇不幸？

　　**你的人生是沒有得選擇？還是明明有別的選擇，你卻不願意去選？還是，你讓自己只有一個選擇？**或許你要好好想想，選擇怎麼過人生的是你，不是別人。

　　你要選擇幸福，還是選擇不幸，你的人生，只有你自己可以做決定！

# 你容許他怎麼對你，
# 就是你怎麼對待自己

　　愛情其實很像在照鏡子，你在愛情裡看到的，往往是自己的反射，你容許對方怎麼對待你，其實，就是你內心裡是怎麼看待自己的。

　　你會不會覺得，很多人常會嚷嚷著：「這世界就是沒有好男人！」「女／男人就是沒什麼好東西！」「女／男人都很壞！」「男人就是膚淺，只喜歡正妹。」「女人就是現實，只看錢。」當他越這麼講、越這麼想，就越會遇到他所「厭惡」的那種人，常會愛上壞女人、壞男人，更有可能的是，他越反感，卻反而越吸引這樣的人來身邊。所以，更加深了他的想法是對的。

## 你給了別人機會傷害你

　　有個女生朋友總是遇到花心的男人，吃了幾次虧還是不斷重演，我們會覺得，如果一犯再犯、不尊重你的男人，當然就不

要在一起了。但她總是為對方找藉口，甚至根本沒底線，不斷容忍原諒，讓對方可以一再糟蹋她。

最後我發現，她其實根本不尊重自己，所以讓對方覺得也可以不用尊重她，她以愛為名傷害自己，所以對方也可以用愛傷害她。雖然，那根本不是愛。

你常會遇到這樣的人，他們跟一個對自己很差勁、糟蹋他的人在一起，甚至劈腿、感情不忠，擺明了只是玩玩，但是，他們還是不願和他分開，不管朋友怎麼勸，他自己也知道對方根本不愛他、對他很差，但還是分不開（你可以想到許多這樣的案例）。

每每遇到這樣的情況，我總是很挫折、很難理解，但是深入去了解這樣的人的想法，我發現，**他們的「自我價值感」很低，所以被欺負、糟蹋也會先否定自己，覺得自己是不是哪裡不夠好，是不是付出得不夠多**，但並不會先去想，到底誰的問題比較大。

我們也常會遇到，有些朋友對自己很沒自信，總是覺得自己哪裡不夠瘦、不夠漂亮……甚至覺得另一半會嫌棄自己，會去喜歡更漂亮的女生，當他們越沒有自信，往往也會跟一個會否定他、會劈腿的人在一起。

有些人談的戀愛好像鬼片或悲劇，過著「自虐」般的生活，時時考驗自己的忍耐力、極限，每天過著受到驚嚇、心裡不平靜的生活，甚至對方還會對他施以暴力，但他們還是繼續忍

受。甚至會怪自己命不夠好、怪自己條件不夠好，怕自己離開這麼爛的人，以後也不會再遇到更好的人，所以將就著繼續在一起。

## 讓你厭惡自己的愛情，真的是愛嗎？

有些伴侶會讓你覺得自己很糟、不夠好、不值得被愛，甚至會讓你厭惡自己、失去自信，覺得配不上他……仔細想想，為什麼你要跟這樣的人在一起？為什麼你要讓對方這樣傷害你？為什麼你要自我傷害？

我常跟很多人分享，當你要找伴侶的時候，要讓自己在一個「好的狀態」，而不是自己狀態不好，就孤單寂寞、急就章的隨便找個人來愛。當你自己內在的狀態不好，不夠愛自己，自己也過得不快樂的狀態下，你遇到的人通常也不會是好東西。如果你自己心態不夠正確，有歪念貪念，看人的標準只有表面，那麼，你遇到的人，也可能跟你一樣心態不正確、只看表面。

不得不承認，談戀愛很多時候是我們自己在照鏡子，你怎麼看自己，通常就是對方怎麼對待你。也就是說，如果你覺得自己不值得被愛，嫌棄自己、討厭自己、覺得恐懼，那麼，對方對待你的方式，也會跟你內心對自己的態度一樣。**伴侶反映了我們內心深處的潛意識、對自己的觀感、自我價值感。**

## 對自己沒自信，就會遇上讓你更沒自信的人

在你對自己很沒自信的時候，就很容易跟一個會否定你、糟蹋你的人在一起。當你時時刻刻都怕自己被劈腿，活在恐懼裡，那麼，對方通常最後也會劈腿。當你對自己不好、不夠愛自己，那麼，你的另一半也不會對你太好。當你覺得你用錢就可以打發解決，那麼對方也是這樣對待你。當你覺得談感情不必太認真，不想承認關係，那麼，你遇到的人也不會對你太認真。

**如果你不尊重自己，別人不會尊重你。如果你覺得自己不值得被愛，對方也不會好好的愛你的。**

當然，也有的時候，我們不小心受騙、在不知情下談了錯的感情，這並不是我們所能預知、控制的。但是換個角度想，為什麼他要騙你，不騙別人呢？這世界上本來就是有好人、有壞人，為什麼他選了你？為什麼他不選別人？是不是我們有什麼特質讓他覺得好騙、好欺負，可以不被尊重？

## 你的「自我價值感」決定了你談什麼質感的愛情

仔細想想，在你人生的戀愛經驗，是不是當你覺得自己很差、不愛自己的時候，你談的戀愛也一樣差。你覺得自己不夠好、不值得，你遇到的人也會更加深了你對自己的否定。

或許，我們在找一個拯救我們的另一半前，要先好好的面對自己，解決自己內心的問題，給自己多一點愛和肯定。在找一段愛情讓我們快樂之前，我們要學會先讓自己快樂。因為，愛情不是拯救你、改善你的方式，你得要先誠實的面對自己。

　　在戀愛之前，先好好的與自己相處，把自己調整在最好的狀態，才會吸引真正愛你、懂你、適合你的人，這樣不管有沒有愛情，你都擁有自給自足的快樂和愛，這才是最重要的事！

# 你的付出是他要的嗎？

　　我們常聽到許多人在感情遇到挫折、失戀時會說：「我付出了這麼多，爲什麼最後得不到幸福？」「我對他這麼好，他怎麼可以這樣對我？」「我爲他犧牲了這麼多，最後卻換來他的背叛。」

　　我們不得不承認，愛情的確不是一種絕對的公平，也並不是你付出多少，就一定會收穫多少。對方愛不愛你，也不一定跟你對他好不好有絕對的關係。那麼，付出錯了嗎？很多人在遇到挫折、失戀、背叛後，覺得很不甘心，甚至否定了自己曾有的付出。甚至，不願再付出了……

　　但是，並不一定是付出這件事不值得、不應該，而是，**他是不是你值得付出的對象**，更重要的是，**你辛苦的付出，眞的是他要的嗎？還是，只是我們自己要的？**

　　用個比喻來說，許多父母會以「爲你好」來支配、控制孩子的人生，因爲一切都是爲了愛，所以希望你好。但是，這樣的好有可能也變成一種壓力，而且，到底是爲了誰好呢？或許，只是付出者自己的想法。

## 奴性堅強，並不能換到愛情

　　很多人愛上了，會想盡辦法去做許多「爲了他好」或「爲了感情好」的事，譬如說，會去打掃他的房子、當他的司機，甚至當他的提款機、做他的奴隸，把自己搞得「奴性」很堅強，但最後，對方並不一定會因此感謝你的付出。他甚至會說：「這都是你自己要做的，沒有人逼你啊！」

　　也有的人會去忍耐、逼迫自己接受那些自己不想接受的事情，譬如僞裝自己眞正的想法和個性，去迎合對方。

　　我過去也曾爲了想要維持感情，去做那些自己完全沒興趣、不想做的事，隱藏自己的個性，只爲了討好對方。但是到了最後，也不會得到眞正幸福快樂的感情。對方只會以爲這是應該的，甚至予取予求。最後，你一定會失去自信，也得不到眞正的快樂。

　　壓抑自己、委屈自己去贏得的感情，注定會失敗。

　　也有的人會去控制、去管對方，不讓他去做某些他喜歡的事，緊迫盯人。或許，「爲了他好」也只是滿足自己的控制欲和不安全感。

　　很多人以爲，努力付出會換來眞正的愛情，但是，這是建立在「對的方向」和「對的人」身上。

## 付出並不是一味的掏空自己

很多時候，我們在感情裡自以爲是的付出，不見得是對方要的，也不會獲得對方的感謝和回報。但我們還是深信不疑，以爲努力就會有收穫，但是，努力錯了方向、努力給錯的人，最後得到的也不會是我們要的美好結局。

事實上，如果對方眞的愛你，根本不需要你一味的「付出」去「換得」愛情。要你刻意去做什麼、去證明什麼、去委屈自己，來換得他的愛、才能得到他施捨的愛，這根本就不對。而且，就算你換到了，那也不是眞正的愛啊！

**我並不是說付出這件事情不應該，感情本來就是雙方面的付出。但是，你要想清楚，你們是單方面的，還是雙方面？**

寫這篇文章的時候，我想起了我的好朋友曾經說過的一段話：「花需要的是清水，蜜蜂需要的是花蜜，珍珠需要的是痛，鯊魚需要的是血與肉。你餵鯊魚喝花蜜，爲了製造珍珠你不停的澆水，你送給蜜蜂一堆一堆的魚，你爲花帶來了無法理解的痛苦。然後小子你說，你愛死他們了！因爲你可是不停的付出和陪伴啊！」

你的付出、陪伴，和表達愛的方式，如果不是對方要的，那麼，你的努力和付出只會讓彼此更挫折、壓力更大。

## 自以為是的付出，是一種自私

很多時候，我們所謂的付出，也只是一種自私。我們自私的決定了愛情應該有的樣子、你想像的樣子，你希望他成爲你理想中的伴侶，你想要他改變成爲你想要的樣子，但，那並不是眞正的他啊！或許你不願意承認，你的付出，並不是他要的。

曾聽過一個故事，有個女生從小看著父母的感情不好，她的媽媽把家裡打理得很好、家事也做得一把罩，也沒有犯什麼錯，但就是跟她的父親感情不好。相對的，父親也沒犯什麼錯，也很顧家，但就是和母親過得不幸福不快樂。

這個女生長大結婚後，也複製了母親的路，認爲當個好妻子就是要跟媽媽一樣把家事做得好，直到有一天她發現，原來，她丈夫要的並不是一個把家事做得好的妻子，而是一個能跟他談心、懂他，願意花時間在他身上的妻子。

至於家事，又不必做到完美，甚至，不用自己做也沒關係啊！於是，她丟下了抹布，坐到另一半身邊，好好的跟他聊天。因爲另一半說：「地髒了沒有關係，我想要你陪我聊聊天。」

看到這個故事，或許也看到許多我們父母的影子，很多女人以爲當個完美的妻子，把家事做好、把孩子顧好，這樣的「付出」就可以讓另一半感謝、珍惜，讓另一半更愛你。她們認爲這是「愛」的表現，但是，男人或許不這麼認爲。

　　所以，你常會聽到有些已婚男人說：「我跟我的妻子只剩下小孩的話題，沒別的好聊。」

　　與其當一個模範老婆、好太太、好媽媽、完美情人，其實，你更要當的是對方愛的那一個人。並不是說你付出那些、當個樂於付出的好伴侶是錯的，這當然很好，但前提還是建立在，對方真的愛你、珍惜你、感謝你，如果沒有，你付出的這些，並不一定能換得愛，而只是你的執著。

## 不要讓付出變成一種執著

　　好好想想，對方要的是什麼？你的付出是他要的嗎？你的付出值得嗎？你真心覺得付出是快樂的嗎？

　　放下自己執著的、一味的付出，因為對方愛你，並不是你做多少、並不是你有多好，而是他真的愛你、真的珍惜你，不是用「付出」來衡量你。而且，你也不要用付出來衡量感情。

　　付出有沒有回報？當然有，當你遇上了對的人，付出會是一件更快樂的事情。

# 離開那個
# 「不願承認你」的人！

　　我常遇到許多讀者問我感情問題，很多都是遇上一個不夠愛自己的人，甚至搞不清楚到底有沒有跟對方在一起，這樣的「曖昧」一點也不美麗，甚至消耗生命、委屈了自己。

　　最常見到的就是兩人對於「認定」有沒有在一起是有差距的，有的人跟你「交往」了很久，什麼男女朋友的事情都會做，也會一起跟朋友聚餐，但他就是不會在FB上放任何跟你的合照。即使是一起去吃飯，也只是拍菜或自拍打卡，除了你們之間熟識的朋友知道你們有在交往外，其他大多數他的朋友都不知道你的存在，甚至，他還會讓大家以為他是「單身」的狀態。

　　我也見過有的人會在FB放跟對方的合照，晒恩愛，但是對方在他的FB卻從來沒有你的蹤影。所以，很像是一方在晒恩愛、宣示主權，但另一方卻把你當隱形人。

　　也有的人可以跟你交往超過一年，但是卻從來不會在公開場合承認你是他的男／女友，男女朋友之間的什麼事情都會跟你

做，甚至可以帶你回家、跟家人吃飯、跟你同居，但就是不會對外說自己有「穩定交往」的對象。

## 他其實沒那麼喜歡你

你以為見了家長應該是對方把你看得很重要吧？但其實我聽過不少人常常會帶約會對象給家人認識、吃飯，但並不代表他們會認定你（因為你也不是唯一）或代表他會跟你結婚。更有甚者，最後要把你甩掉的理由就是「我爸媽不喜歡你」，可以拿你的省籍、宗教、父母職業、父母離異、你的學歷低、你的職業⋯⋯這些你無從改變的既定事實來否定你（或許帶你跟家人吃飯，只是為了以後分手有藉口吧）。

有人問，搞不清楚自己的位置、不知道曖昧算不算在一起，交往了半天還是不被公開、承認，到底要不要繼續？但其實，你明知道對方「沒那麼喜歡你」，只是離不開。離不開的原因可能是太愛對方、想要繼續等下去，或者是不甘心。

對方可能給他的理由是：「我還沒準備好。」「我不喜歡晒恩愛。」「我想低調一點。」「我從來不是把愛情看太重的人。」「我其實不喜歡在 FB 放照片。」「我想要有一點隱私。」

於是你會相信他的藉口和理由，而忽略了對方其實沒那麼在乎你的事實。我看過不少用這些藉口不公開戀情、搞曖昧的

男人，他們都會同時跟不同的女生約會（保有身價和玩的權利），你以為他的個性真的不是那麼看重愛情，但是有一天，他真的遇到了真命天女、想要結婚、他們說是「真愛」的對象時，又突然「改變個性」了，狂晒恩愛、到處宣告自己穩定交往……一夕之間，大家眼中定不下來、愛玩的男人，突然變成愛家、愛妻好男人（男女皆有）。

其實說穿了就是，他們就算跟你「交往」，但並沒那麼喜歡你，他們也還在等待一個他們更喜歡的人。跟你在一起只是個過渡期，覺得你很不錯，但就是少了點什麼。就算有喜歡你，但也還不到「愛得要死」的地步。所以他們寧可保留自己選擇的權利。不只男生，女生也會這樣。

他們永遠不會承認自己有男／女朋友，就算他每天跟你睡，跟你家人吃飯。

我們的人生多多少少會遇上這樣的人，其實，我們自己也或多或少當過這樣的人。

## 感情不必自欺欺人

所以換個角度想，其實你很懂，這就是不夠喜歡、不夠愛。並不是你好不好、你付出多不多，愛情其實就是一件很「主觀」，而且不公平的事情，也並不是有人對你好、愛你，你就會一樣愛他吧？

但是，有些人還是會「自欺欺人」，看不破，也不甘心自己花了那麼多時間精力，所以不願離開。即便知道對方不夠愛你，知道他其實還有別人，知道他根本不是「對的人」，但還是不願放手，或在自我欺騙中。

有人會說：「戲棚下站久了，一定會是我的。」我也曾見過，有人硬撐，還讓自己懷孕想要綁住對方，後來男方的確是負了責娶了她，但是婚姻不幸福，因為這不是「甘願」的選擇，最後男生還是去外找尋「真愛」。用結婚和生子去綁住一個不夠愛你的人，結果只會讓自己自食苦果，我看過太多這樣的例子了。

**如果你還陷在這個困境，你更要相信自己值得遇到一個會把你捧在手心，會認定你、真正愛你的人。**

## 選擇比努力重要

得到幸福最重要的是，努力在「對的方向」，也就是「對的人」身上，如果一直花力氣、時間在「錯的方向」，怎樣也不會變成對的結局。

我遇到許多最後得到幸福的人，他們都慶幸，還好當初「放手」得早，如果沒有放掉那個不夠愛自己的人，也不可能會遇到真正的幸福。

男人很簡單，他愛你，就巴不得全世界都知道你是他的女

人。他不會讓別的人有機會靠近你，也不會讓自己的「權益」「地盤」受到侵略和覬覦。這就是男人的想法。

女人更簡單，如果她愛你，她會把她的全世界都給你。她會吃醋、會需要你、會甘願做你的「小女人」（即便她在外是多麼tough），然後，她會告訴全世界她很幸福。

不要去問對方愛不愛你？答案在你心裡。

PS. 如果你是介入別人婚姻的第三者，無法被認定。請你好好想清楚，你的人生要浪費在一個不夠愛你的人身上嗎？你值得一段可以光明正大、公開被祝福的感情！加油，回頭是岸！

# 愛過就好，
# 又何必論輸贏？

不適合的兩個人分手，好聚好散，互相祝福，就是莫大的福
氣。常有人論斷別人的感情，但什麼是輸、什麼是贏？誰是成
功，誰是失敗？

有伴侶的就比分手的好？結婚了就比單身的幸福？有生小孩就
比沒生的快樂？那麼，單身的，就不會比有伴的開心嗎？離婚
的，就不會比不快樂的伴侶快樂嗎？沒有結婚的，就一定輸給
結婚生子的人嗎？

或許，我們更該尊重別人的選擇，尊重別人愛或不愛的決定。
因為，一個人快不快樂，內心開不開心，其實跟在不在婚姻
裡，在不在一段感情裡，沒有關係。

愛情裡，沒有誰輸誰贏、誰好誰壞，只有適不適合。得到感情，不一定是贏。步入婚姻，也不一定是成功。擁有別人羨慕的人生，也不一定是真心快樂。只有問問自己的內心，你快不快樂，自不自在。踏實的幸福不是別人給你的，不需要別人肯定，才是真屬於你的。

愛過、學過、痛過，最後讓自己好好的過。
愛情，沒有輸贏，只有適不適合，只有打從心裡的快樂。
懂得祝福，學會放手，就是最大的福氣。

# 「磨合」與「不適合」的不同？

　　「到底磨合和不適合有什麼不同？」常會遇到不少讀者問到這個問題，因為我們常會錯把不適合當作是磨合，最後自以為磨合了半天，卻一點改變也沒有，白費了力氣和時間。所以要怎麼分辨其中的不同呢？其實，我們也都是花了不少血淚教訓才得到的人生經驗啊！

　　最基本的判斷，「磨合」是你們兩個人有共同的目標，想要為了彼此的幸福和未來努力，所以是「雙方面的」。「不適合」是只有一個人「單方面」的努力，甚至你只是想要對方變成你要的模樣（或對方要求你變成他要的樣子），忽略了你們真的不適合的事實。

## 想要改變對方太難！

　　很多時候我們都會以為愛情可以改變一個人，當然人會改變，但是，並不是你「要求」對方去改變。我曾寫過一篇文章〈永遠不要想去改變別人〉，因為你換得的可能只是暫時的配

合、遷就，如果他心裡不想改，你是無法真正改變他的。

更何況，你當初喜歡的就是他原本的模樣，為何後來又要改變他？很可能你只是自私的想要把對方變成你想要的樣子，那很可能不是他的問題，而是你自己的問題。

如果硬要改變對方，又為什麼不找一個本來就適合你、不需要去改變、彼此都開心做自己，又能相愛的人就好呢？（但千金難買早知道）

但是我們都曾有過這樣的經驗，愛上了一個人（可能因為不了解而相愛，或失心瘋愛上他）就想要對方改變。我們會用愛情的名義（因為你愛我，所以你必須要……）也會用「為你好」的名義（我是為了你好……）我們都以為愛情可以偉大到改變一個人，花心的會變專情、媽寶會斷奶、沒肩膀的會有責任感……結果最後我們得到的答案幾乎都是失敗。**改變別人，不如改變自己的選擇。**

但是，「不適合」跟「互補」又有什麼不同？有些伴侶因為互補而吸引，也可以長久在一起，互補也很不錯，所以我們有時會誤以為不適合也可能是一種好的互補。

## 互補也需要磨合

我很認同「互補」也是一種美好的感情關係，因為人往往會被跟自己不同的人的吸引。但是，互補也是需要磨合的，個性

不同的人在一起也需要時間找出彼此共同的步調。互補可以成立的原因是，就算兩人有不同的地方，但是彼此吸引、配合、找出相處的節奏與一起和諧生活的步調、互相補足彼此的不足，才能往幸福的方向前進。

不適合是「補」不起來的，你們只會覺得是犧牲、是委屈、是不得不，在一起總是不開心，無法溝通協調，

如果兩個人在許多想法、價值觀念和生活的方式都不相同，那麼，在一起也是痛苦，而這方面又是很難改變的。很多人會分手或離婚，往往都是彼此在想法觀念上的不同，所以找一個跟你在思想和生活上相當、相似的人（即使個性互補也無妨），才能磨合得了。

## 磨合是兩人願意調整、互相配合

以我為例，我和另一半就是個性不同的人，他細心、有條理、凡事講求規畫，而我就是個粗心大意、記性差、人生風格是隨遇而安（好像跟一般男女的狀況相反，我比較像男生一點，所以都是我被唸，反而不會唸人。）我們在剛開始相處時，也有許多的「磨合」，譬如他要接受我這種「傻大姊」粗神經的個性，我也要接受他的「計畫控」。

但我們彼此都認同，要朝著共同的目標、幸福快樂的人生前進，所以就算有什麼不愉快、鬥嘴，我們總是很快就能和好、

道歉，然後找到彼此協調的步調。我常說：「**好的伴侶會讓你變得更好，你會願意為他變成更好的人，你們也會一起變得更好。**」所以結婚到現在，我和我身邊的朋友都覺得我的狀況比婚前好很多，個性和想法都變得更成熟、柔軟了，而且不知不覺，我也變得比較細心了（以前常被虧記性差，現在反而我記性有時比他還好。）我們兩人都一起變得更好了，我們都學會包容、珍惜，所以脾氣也變好了，互相學習對方的優點，改進自己的缺點。我覺得，這應該就算是「好的磨合」吧！

## 「不適合」的愛情太辛苦

願意跟你一起磨合的人，並不是凡事要你配合，或是你總要對方無條件配合你。而是，兩人一起走路，有時要有進有退，有時要退一步，才能讓彼此的步伐協調。而不適合的人，只會把你逼到毫無退路，或讓你覺得感情的這條路上，走得很孤單、很寂寞。

我以前常以為談了個辛苦的戀愛就像馬拉松，再怎麼辛苦漫長，只要我咬著牙跑，一定會有好的結果。但是我忽略了，這條路上或許只有我自己一個人在跑，目標或許只是自己的想像。最後我才領悟，原來一段錯的感情會讓你跑得這麼無助、無力，不知盡頭。但如果談了對的感情才會知道，有個人牽著你的手，告訴你無時無刻他都在你身邊挺你。不用跑得辛苦，

願意跟你牽著手，慢慢走在彼此的人生大道上，這才是真愛。

不適合的感情就像是穿了一雙別人看起來美麗，自己的腳卻疼痛無比的鞋，也可能更慘的是，看起來也不怎麼美麗。你想要長痛或是短痛，都是你的選擇。但如果你要自我欺騙，把疼痛當作愛，那也是你的選擇。

但是，不適合的人，並不會因為你痛得多、忍耐得久，就會改變。更傻的是，千萬不要想用婚姻和生子來改變一個人，**錯的人並不會因為你逼他結婚生子，就會變成對的。你自私的決定最後只會傷害更多人**，包括無辜的孩子，更讓自己賠上了更大的成本。我看過太多這樣的例子，不適合的人，真的無法靠結婚生子改變。

## 吵架也是一種溝通的方式

判定磨合和不適合最好的方法，就是看看你們兩個人在爭吵後，問題有沒有解決？可以磨合的伴侶，他們會找出方法，協調彼此，他們「雙方」願意為了彼此關係努力。但是，不適合的人永遠都吵著一樣的問題，永遠無解，狀況不會更好，只能無止盡的吵下去、消耗感情、傷害彼此。

但是，為什麼那麼多明知道不適合的兩個人，卻還要硬逼著磨合呢？其實是我們不願面對「不適合」這個事實，我們害怕沒了他，就沒有了其他選項，我們寧願活在慣性裡，用習慣自

我安慰，用逃避來過一天算一天。

　　但如果你不願意放下「不適合」的人，幸福又怎麼會來敲門呢？我常覺得，**感情就是有捨才有得！得到不難，但要先學會放下。放下那個你心裡知道「不適合」你的人。**

　　有一天你會知道，與「對的人」一起磨合出人生的美好節奏，那會是人生中最幸福踏實的一件事。

# 請設定好你的
# 底線和停損點！

　　我常收到許多詢問愛情的問題，最讓我難過與不解的就是，許多人明知道自己愛錯了人，已經傷痕累累，理智已經知道這個人不能愛，但還是繼續把整個人生賠下去。最後愛到失去了自我，也賠上了大好時光在一個「錯的人」身上。

　　我常在想，如果別人欺負你，難道你不會抗拒嗎？就算為了「愛」不去抗拒，但也有忍受不了的時候吧？難道，你會讓對方一直欺負你下去嗎？

　　我們往往以為愛就是沒有界線，就是要付出，但是很多時候，已經超出了你所能給、所能接受的，如果真的不開心，你大可以拒絕。**害怕拒絕就失去愛情嗎？其實，就算沒有拒絕，你的愛情也早已經失去了。**

　　真正的愛，並不是忍受你所不愛的事情就可以維持的，而是你能真正的喜歡自己，做你自己喜歡的事，得到自我的認同和自信。

## 你不尊重自己，對方也不會尊重你

以前戀愛的時候，常以為只要自己多忍耐，包容、接受那些自己無法接受的事情，對方就會感謝、感恩，就會因此更愛我們，但是有嗎？並沒有，對方只是把你吃得死死的，一點也不尊重你。

其實，當我們怪對方不尊重我們的時候，我們也不夠尊重自己啊！

有個朋友談了戀愛才發現自己是小三（這故事應該一點也不稀奇），對方已經有家室，只是想談談戀愛罷了，朋友都勸她趕快離開，明明就是條件很好的女孩，不要糟蹋自己去當人家第三者。

結果她還是不斷的回頭，因為抗拒不了男方的甜言蜜語，以為他會為了自己拋棄家庭（真的會為了你拋家棄子的，你敢要嗎？）最後被對方另一半發現，被告了通姦。最扯的是，男方沒事，只有她被告（當然，這也一點都不稀奇）。

聽了都覺得她實在太傻，明知道不會有結果的愛情，還奮不顧身，最後傷害的是自己。

有的朋友遇到了感情的詐騙集團，談感情其實只是為了騙錢，騙說有什麼投資、生意上需要金錢，不斷的要人拿錢幫他，聰明一點的人一聽就知道這是詐騙，但有的人就是會不斷的投入金錢，最後人財兩失、血本無歸。

其實被騙的人並不笨，那些騙子的話術都聽得出來有問題，令人不懂的是，為什麼明知道有問題還要讓自己受騙？

　　也有的人遇到了會家暴、會言語暴力的另一半，總是忍耐，於是讓對方不斷的挑戰底線，直到受傷，讓自己身心傷痕累累。我們總是不忍，也不解為何他們會不斷讓自己受到暴力的威脅還不肯離開？

## 忍耐並不會換得真愛

　　最後你會發現，他們往往以為，只要能得到愛情，接受、忍受一些自己不能接受的，多忍一下、多配合一下，應該就可以得到對方的愛。但是，用委屈自己、犧牲自己，甚至傷害自己的方式去「換得」的愛，根本不是真正的愛啊！

　　許多人只要一談了戀愛，就變得盲目，失去了自己的底線，遇到了不好的對象，就會變得不像自己，任對方予取予求，失去原則。甚至明知道這是一個沒有結果、沒有好下場的愛情，還是孤注一擲的賭下去，只希望自己用了全部的賭注，最後可以翻盤。

　　但是，親愛的，愛情並不是賭博啊！

　　我認真的覺得，不管是談了戀愛、結了婚，就算你很幸福快樂，還是要設立自己的「底線」和「停損點」，有什麼事情你不能接受的，一定要告訴對方，你的原則是什麼？你的「點」

是什麼？還有，如果不幸感情生變，對方變了，發生了什麼不愉快的事情，到了什麼程度是你所不能接受的，你就要「認賠殺出」。

## 做一個有原則的人

**某種程度來說，談感情也像是投資，投資有賺有賠，真的賠了就要認賠殺出，而不是把自己的所有賠進去。不必不甘心，因為不甘心所換來的，是更可怕的慘賠。**

你的感情失敗了，不代表你的人生失敗。這一段感情失敗，你怎麼知道你不會有下一段更好的感情等著你呢？就算沒有下一段感情，你一個人也好過跟一個「錯的人」在一起消耗生命。

我覺得，讓對方知道你的「原則」在哪裡很重要，而不是為了愛就變成了失去原則的人。有原則，會更受對方的尊重。你不喜歡、不接受的事情，就要先跟對方說。我倒覺得，先說清楚，總比悶在心裡還要裝大方、裝沒事，又一個人生悶氣，不講清楚好得多。如果對方真的愛你，他會懂得尊重你。

如果你一直讓對方測試你的「底線」，最後，你就會變成一個沒有底線的人。沒有底線，更不可能獲得尊重。

## 沒有底線，你只會糟蹋自己

　　最重要的是，你不必害怕因為有自己的「底線」或設立了「停損點」而失去愛情，通常因為這樣失去的，也不是對的愛情，不要也罷。愛情可以不要談，但千萬不要做傷害自己的事。

　　不要把愛情當作人生的唯一，人生還有很多重要的事。**與其要一段不健康的愛情，不如做一個快樂的自己。**

　　不要談盲目的戀愛，請清楚了解自己的「底線」在哪裡，若感情生變，你的「停損點」又在哪裡？沒有一種愛情偉大到，你必須要去傷害自己才能得到。

# 一段好的愛情，
## 不會只讓你心動，而是讓你心定

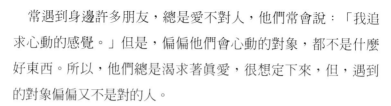

　　常遇到身邊許多朋友，總是愛不對人，他們常會說：「我追求心動的感覺。」但是，偏偏他們會心動的對象，都不是什麼好東西。所以，他們總是渴求著真愛，很想定下來，但，遇到的對象偏偏又不是對的人。

　　也有些人遭遇了幾次感情受挫的經驗，忿忿不平的說：「根本沒有好男人／女人！」「天底下到底有沒有好男人／女人？」為什麼別人都遇得到，他都遇不到？但是，觀察久了後我發現，並不是天底下沒有好男好女，而是，好的擺在他面前，他也不會喜歡，他們總是會去挑那個最爛的（雙手一攤）。

　　常有人會問：「到底去哪裡找好的對象？適合交往、結婚的好男／女人在哪裡？」其實，他們最大的盲點是，想定下來，卻偏偏去喜歡那種根本不可能跟他定下來的人，或跟那些還想玩，根本不適合、不喜歡他的人消耗光陰。而且，就算知道對方不愛他、只是想玩玩，或甚至早已死會想劈腿、有家室了，他們還是要「浪費時間」在那些明知道是「錯的人」身上。

如果，你自己的眼光不改、個性不改、生活方式不改，你又怎麼會遇到對的人？或讓對的人遇到你？（「對的人」看到你也不敢靠近啊！）

## 讓你「心動」的，可能都是錯的人

有朋友說，只要她感覺有「心動」的對象，都是不可能跟她真心、穩定交往的對象，但是，那些看起來更可靠、更穩定的對象，她卻一點感覺也沒有。我笑說，如果只是順著感覺走，你大概永遠不會給那些你一開始覺得不可能的人機會，但是，如果你總是喜歡上「錯的人」，又為什麼不願意試著多給一些「好的人」機會？

心動當然是愛情的一部分或開端，但如果只重視心動，而忽略了其他更重要的東西，那麼，心動也可能是一種誘導你的錯覺和誤判。尤其當你真正想定下來，而不是遊戲人生的時候，你需要的愛情當然更不可能只有心動。

以前的我也覺得心動很重要，但是，**心動往往維持不了多久就沒有了熱度，因誤會而靠近，因了解而分開。然後發現，這大多是自己的誤判，跟一開始的想像不同。**我才了解，就算一開始會有心動的感覺，但一段感情能夠快樂、長久，還是要有穩固的、確實的承諾與責任、信任，還有最重要的彼此適合。

## 「心定」是一種內心穩定的力量

那種「內心穩定」的感覺，比起心動更踏實。你會很有安全感，不只是對方給你，也是你給自己。你們會相信彼此，而不是感到擔心、害怕、不安、懷疑……讓你心定的人，會讓你擁有正能量，而不是談了一段感情，內心的負能量卻越來越多。

什麼是「心定」呢？簡單來說，問問你自己，你會不會怕他劈腿、怕他騙你？會不會去查他的行程和手機？會不會不知道明天在哪、有沒有未來？會不會怕對方不挺你、不懂你的想法？會不會怕對方遇上了更有魅力的人就被吸引？會不會對自己沒自信、沒把握？甚至會不會怕他媽媽不喜歡你？（翻白眼）……以上這些，都是不夠心定的愛情。我相信我們都曾有過這樣的感覺，這樣的愛情，快樂都是建立在痛苦和不確定之上。（姊也是過來人啊！）

真正的「心定」不會讓你有這些負面的心態和想法，而是，你們可以互信，可以在愛情裡感受到穩定和踏實。就算彼此不在身邊，你們的心裡也確確實實的擁有彼此。你不會心情不定、疑神疑鬼、心情七上八下、怕自己哪裡不夠好。因為，好的愛情會讓你變得更好、更穩定，也更快樂有自信。

**真正能給你幸福的人，會讓你「心定」。他不只讓你心動，也會讓你「感動」，更會真正去「行動」**。仔細想想，如果你連對方夠不夠愛你（或你夠不夠愛他）、願不願意跟你有未

來、會不會支持你、會怎麼走下去，都不確定了，又怎能感到幸福，不是嗎？

## 人品才是擇偶的最重要條件

也常會遇到朋友問，要怎麼找到適合的另一半，我會跟他們說，要看人品、價值觀，還有生活習慣，而不是去看那些表面的東西，尤其是帥哥（對不起，我沒有歧視帥哥的意思）。我常會敲醒她們說，不要再迷戀帥哥了好嗎？不是說帥哥不好，而是，長得帥不應該是選擇伴侶的優先順位。優先順位是什麼？是人格、品行。根據我的觀察，人品好的人，人生各方面都不會歪，不管是忠誠度、愛家、孝順（非媽寶）、責任感，或上進心……這才是成為一個好伴侶應該有的基本盤。而你到了一個歲數就會知道，人品好的伴侶，超帥！

但也有人說，帥的會劈腿，醜的也會劈腿，既然都會劈腿，為什麼不選帥的？這是似是而非的說法。首先，你看伴侶的方法就不應該以長相當作優先順位，而是人品。先從不會劈腿的找（人品好的），之後才是長相吧！外表是附加價值，而不是主要價值。如果人品不好，其他的都不必列入考慮了。就算條件再好，那是他的條件而不是你的，如果哪天他不愛你了，你什麼也不是。

我覺得最重要的還是自己，你要培養自己的條件和眼光，當

你自己條件提升、變好，你的眼屎擦乾淨、腦袋的水抽掉，才懂得自己適合什麼，當你自己對了，才懂得珍惜對的人。

## 心定比心動更浪漫

　　追求心動的感覺，不如追求心定。心動可能是一時，但心定更長久。心動大多是激情，心定才是真感情。

　　一個好的伴侶會讓你感受到「心定」，而你也會讓他有同樣的感受。不只是你要求他讓你心定（給你安全感和信任），而是，你自己要先改變、調整，成為一個對的人、好的伴侶。

　　那些能夠長久交往，甚至走入婚姻，還要這麼多年都能恩愛、幸福的人並不多（看看離婚率，和那些抱怨婚姻的人就懂），而那些「怨偶」一開始一定也都「心動」過吧？（但或許，他有了感情或婚姻，卻還是持續對別人心動。）那麼，能長久幸福的是什麼？其實是生活上能相處磨合、價值觀相似、有共同興趣及目標、對家庭有責任感、能分擔家務、願意吵架後給你臺階下、願意為了彼此讓步……這些聽起來不怎麼浪漫的事，那些心動以外的事，或許才是真正能讓感情長久的事。

　　心定了，就不會心動嗎？並不會。**一個讓你內心穩定的伴侶，時時刻刻都會讓你覺得動心。在穩定中追求浪漫，比在浪漫中尋求穩定，踏實多了。**有人問，要怎麼找到心定的對象？我會說，等你自己心定了，你就會知道。

# 相愛重要，
# 但適合更重要！

自從結婚後，看過了許多婚姻故事，認真發現，兩個人能夠快樂的在一起、長久的相處，經營一段幸福的婚姻最重要的基礎，在於你們是不是有共同的目標、想法，以及價值觀、生活形態要相似。

很多朋友也說，夫妻倆有共同興趣和話題很重要。

看到許多感情離異，不一定是因為劈腿外遇，而是兩個人相處得不開心，很多感情都是被生活瑣事、相處的小摩擦，甚至生活習慣、家人關係所磨滅。如果兩個人的價值觀有很大的差異，談戀愛或許會因為這差異的不同所吸引，但真的要相處，差異反而就會是最大的殺手。

## 現代版的門當戶對：價值觀

而生活形態和價值觀這種東西，是很難被改變的，我覺得這就是「現代版的門當戶對」，你要找到一個可以一起生活、經

營婚姻的對象，最好跟你的生活形態和價值觀相似，才會有相似的想法和目標去「經營」你們的婚姻。

很重要的一點是，為了避免婚後因為婆媳問題或家人因素不開心，在結婚前最好要先了解，雙方家庭的生活形態和價值觀是不是相近、合得來。很多人以為在一起是兩個人的事，與家人無關，但是婚後才發現，家人好不好相處會是很大的問題。

而且，**觀察你的另一半和家人的互動，從他們彼此的互動中也可以了解，這可能就會是你未來的生活寫照。**

如果他的家人是彼此不尊重的，未來你恐怕也會受到不被尊重的待遇。很多問題並不是結了婚後就會自然而然改善、船到橋頭自然直，而是變得更多。

價值觀涵蓋的範圍很多，像是金錢觀、教育觀念（如果有小孩的話）、想法和觀點，還有我覺得最重要的責任感、忠誠度。許多夫妻會為錢吵架（無關有沒有錢，而是金錢的規畫），或是教養上兩個人是不是都能同心協力（還是覺得都是媽媽的責任），對於家用、工作等金錢上的態度是不是一致（不尊重你的工作，或不尊重全職媽媽的付出），還有現代社會對於誘惑的抵抗能力（通常，如果他的朋友很多都會去酒店玩、有小三，他也會近墨者黑，因為這是他朋友圈的價值觀，不要以為他會出汙泥而不染。）

一個人有沒有責任感，可以從他用錢的態度（有理財或儲蓄的規畫嗎？）對工作的態度，以及對家人的態度看得出來。

## 愛老婆、愛家庭的男人最帥氣！

我個人覺得，如果要走入婚姻，對方有沒有「家庭觀念」很重要，很多人或許是談戀愛的好伴侶，但是走入婚姻後，他並沒有對家庭負責的觀念，也不能承擔家庭的責任或分擔家務，那麼，最後辛苦的還是你自己。看多了很多沒有肩膀的男人，你會發現，一個愛妻、愛家的好男人，才是最帥氣的！

而家庭觀念可以從他對家人的態度來觀察，以及，他是不是有承擔責任的意願。他會不會分擔家務，還是只是個大男人或袖手旁觀？他提到對未來家庭的規畫時，是不是很有想法、對未來的婚姻生活是否有做計畫？這些都可以觀察得到。

跟一個沒有責任感的男人在一起，是一件非常痛苦的事情。如果你可以早點避免就避免。愛情是一回事，但婚姻生活是另一回事。能在普通平凡的生活中，讓你感到信任、舒服、踏實，比那些甜言蜜語還感動人心。

## 不要想用結婚生子來改變對方

很多人以爲結了婚可以改變別人，但大多數人的個性是不會改變的。不要以爲結了婚、生了小孩，就可以讓一個沒責任感的人突然轉性，通常都是你自己要扛起責任。

很多會離婚的人都是遇上沒有責任感、沒有家庭觀念的另一

半，只好自己帶小孩，甚至還要爲了孩子忍受不幸的婚姻和生活。

## 適合是能夠相處、共同生活

其實兩人在一起，並不是高攀或低就，勉強自己攀附一個你處處不如的對象或家庭，或勉強自己低就一個會拖垮、委屈自己的人，你最後也會不平衡。或許你會覺得「其實單身還比結婚好」。

兩個人的價值觀、生活形態、背景、興趣……最好不要差異太大，這樣才不會有因差異過大引起的爭執、不適應。兩個人能用共同的步調一起生活，這樣路才會走得長久。

你一定有過那種要配合對方，但自己又不喜歡，或是要勉強對方配合自己，對方又不情願的經驗吧！因爲不適合的兩個人，總是要去勉強、去逼迫，甚至無法做自己，那麼再怎麼相愛也不會快樂。最後還會失去了自己。

兩個人沒有取得一個快樂的平衡，或沒有一致的步伐，也很難走得長久。**愛情沒有這麼偉大，偉大到可以克服所有的問題。婚姻也不是萬靈丹，只要結了婚問題就會自動解決。唯有找一個眞正適合你的人，才能當一對快樂的伴侶。**

# 永遠沒有最正確的選擇

真的好想知道答案，再去做選擇？

從以前我就一直很著迷於，能夠回到過去、改變自己未來、讓人生重來，會有不同答案的電影。人生中的每個小小選擇都會大大的改變自己和身邊人的未來，而命運，就是由自己無數的選擇創造的。

從最知名的《蝴蝶效應》《雙面情人》《如果能再愛一次》，到最近的《荼靡》，我們面臨人生的十字路口，真的好想知道答案再去做選擇。但是我們最終會發現，沒有完美、不出錯的選擇，每一種選擇，都有遺憾、都有後悔。

不管你多想回到過去，怎麼改都還是不會有凡事完美的結局。

人生有得到，必有失去，而你遇到的人，有他的好，必然有他的壞。越想要完美，越容易遺憾，你只會更加深選擇錯誤的想像。

很多人會問，如果面臨人生的十字路口，我該怎麼做選擇？我會告訴他，做一個來自你內心的選擇，而不是別人告訴你的選擇。還有，做一個未來就算失敗了也不後悔的選擇。每個選擇都有承擔失敗的風險，你承受得起，再去做。

決定了，就勇往直前，努力將自己的選擇做得更好，讓自己在選擇的這條路上，走得精采快樂、甘之如飴。你會發現，你不是只有一條路，而是當你決定要向前、決心要努力，每一條路就都能走得快樂。

不要再去想「早知道就⋯⋯」「如果當初⋯⋯」而是，為自己的決定負責，跌倒了站起來，失敗了就重來，最糟不過如此，只要不放棄自己。

我們應該多想想自己擁有的，不要去怪自己沒有的。多珍惜身邊人的好，而不是只看別人的好。別人桌上的菜不一定比較好吃，別人的生活你也不一定能過得開心。

人生沒有標準答案，也沒有正確選擇，生活本是苦樂兼具、有得有失。懂得享受生活中的苦澀和甜美、爭吵後的擁抱、汗水中的微笑、疲憊中的甜美。

活在當下，這就是最好的選擇！

（謝謝你選擇了我，我們都會是彼此人生最無悔的選擇。）

# 離開，也是一種愛

我們總是希望愛情故事都有美好結局，能在一起，是愛，能永遠在一起，是真正的愛。那麼，不能在一起的，就不是愛嗎？

許多看過電影《La La Land》的朋友，最後哭泣難過的點是兩個主角最終沒有在一起。我也落淚了，但我感動的是，他們沒有在一起，最終卻給了對方一個點頭、一個微笑。

人生的路那麼長，人生列車總是許多過客來來往往，有的人能陪你一段，但他的終點跟你不一樣。有的人迷了路，有的人不知道自己要去哪裡。每談一段感情，我們都希望天長地久，但現實是，我們總是必須接受許多分離。

有些人現在適合你，但未來未必跟你走在一起。有的人一起談

戀愛很開心，但是無法跟你步入婚姻。有的人在一起轟轟烈烈，但無法與你細水長流。你一定遇過那個，你曾經很愛，但你知道，長久下來不會幸福的對象。

不管是對方還是我們忍痛割捨，分開都會帶給彼此傷痛。但過了幾年後，你再回頭看，或許你們都慶幸在那個時間點離開了對方。

離開一個你無法給他快樂，他也無法給你幸福的人，其實，這也是對彼此的另一種愛。

你希望他做自己，希望他朝夢想前進，希望他遇到一個能給予承諾的對象，希望他不必再為了別人改變自己。

即使離開的時候有多痛苦，你也會把內疚化為祝福，把傷痛化為力量，你會感謝他讓你成為一個更好的人。有一天，那曾經痛到刺骨的感覺，你會遺忘，你會笑著帶過，你會感謝自己曾經走過。

美麗的櫻花凋謝、散落了地，你會感到淡淡的哀傷，還是期待它的新芽？盛開的花朵是一種愛，那麼離開的花瓣，也是一種愛。

或許，你們註定沒有緣分走到最後，你們也努力過，那就夠了。離開對方，讓彼此有機會在人生的列車上，找到真正契合的旅伴。有一天看見了，不必多說什麼，點個頭，微笑。

留在一個人身邊是一種愛，捨得讓他離開，也是一種愛。
離開不一定是不愛，而是，我們曾有過的愛，到這裡就好。
愛有很多種面貌，認真愛過，就是美好的結局。

Part4

# 在自我和伴侶間
# 取得平衡

一個人的自在，兩個人的圓滿

# 美好的愛是一種平衡

你懂得放下一些自我,卻又不會迷失自己,
你珍惜對方的付出,你也願意為了他付出,
你能自己活得精采,也能豐富兩人的生活,
你能夠好好愛自己,也可以好好去愛人。
你獨立勇敢像個女漢子,也溫柔體貼像個小女人,
你可以挺起胸膛站出去,也能放下身段退一步,
你知道你要靠自己,也會讓對方知道你需要他。

美好的關係,是不會失去平衡。你除了愛情,也不會失去其他
生活重心。你顧好對方的前提,是你懂得照顧好自己。

你為愛努力,但你不會為愛放棄自己。你對他好,是因為你對
自己夠好。

（當然，你也不允許自己跟一個對你不好的人在一起。）

不管是單身還是有伴，愛與被愛，最美好的狀態是，找到生活
上的平衡和內心的平靜，這才是真正的快樂。

# 快樂的人，
## 才能給對方有質感的愛

常聽到許多人在失戀或感情陷入困境時，會不甘心的說：「我為了他付出那麼多，我做了那麼多犧牲，為什麼最後結果是這樣？」

也有人離婚了，難過的說：「我總是努力把家庭照顧好，為他、為家庭、孩子付出那麼多，為什麼他說不愛就不要我了？」

類似的話，我們可以聽到許多不同形式，不勝枚舉。

很多人認為，付出愛沒有回報，付出時間沒有回報，甚至把自己的青春、人生都付出在對方身上，怎麼沒有回報。可是，令人難過的是，對方並沒有要你做那麼多、也沒有感謝或珍惜，那麼，即使你知道他已經沒有用心在你身上了，你還是覺得只要付出就可以得到、換到對方的愛情、忠誠、責任感，這樣是不是太執著了呢？

## 你的付出是心甘情願嗎？

更何況，有些人的付出，並不是建立在「心甘情願」上，可能爲了讓對方喜歡，去做一些討好他、讓他開心的事，但那些行爲和你做的事，並不是真正的你，也不是你真心喜歡的，於是，你稱之爲「犧牲」。可是，犧牲從來不是換取愛的方式，你只會不斷的退步、忍讓，到最後對方一點也不珍惜。

有些人覺得委屈自己就可以得到愛情，所以會去做那些自己也不認同、不喜歡、不是發自真心的事情。譬如，你壓抑自己的不滿，假裝大方接受他的紅粉知己，你明明不喜歡他的酒肉朋友，還是要跟他們假裝當朋友，你不欣賞他的價值觀，但爲了跟他在一起所以假裝接受……如果最後對方還是拋棄你，你就會憤怒的認爲：「我都爲他做了那麼多妥協，爲什麼他還是不愛我？」

但是，你往往忘了問自己，**談這樣的愛情，你真心感到快樂嗎？**你難過的是失去愛情，還是不甘心付出沒有回報？你在付出的時候，快樂嗎？跟他在一起的時候，你喜歡你自己嗎？

如果在一段感情裡，你本來就不快樂了（雖然你會自我欺騙或不願面對），那麼，離開一個無法讓你真心快樂的人，其實，一點也不需要遺憾。

## 不要用「讓自己不快樂」的方式愛人

我在愛情裡學到的經驗是，如果我自己不快樂，就無法談一場有質感的愛。相對來說，一場有質感的愛、一個真正愛你的人，會讓你感受到真正的平靜和快樂。

你如果用「讓自己不快樂」的方式去努力愛人，那麼，努力錯了方向，也不會成功，這就是為什麼許多人困在苦戀裡。因為他們努力在錯的人、錯的方向上，那麼，再怎麼犧牲委屈到極致，也不會得到你想要的幸福。然後他們會認為，得不到幸福是因為自己不夠努力，其實這是大錯特錯。

以前我也曾為了經營維持感情，而努力做一個不出錯、對方喜歡的人，維持貌似表面和平、感情好的狀況。其實我內心明確的知道，這不是真正的我，我只是不願意去面對、害怕失戀。甚至明知道對方可能有問題，我還是不想去面對，對當時的我來說，只要維持愛情關係的存在就好。現在想起來，真的很不可思議，原來我願意忍受自己的不快樂，只為了跟對方在一起？

## 先讓自己快樂，再去付出

現在經營婚姻，我更成熟了，也更明白，我為對方、為這段關係所做的任何事，都要來自於我真心喜歡、想做、甘願，

如果不是，我也不會勉強自己。**我不怕因為我的不完美而讓對方不愛我，而只怕，我刻意營造的美好，其實來自於不快樂的我。**

　　我不會要求對方一定要做多少讓我快樂的事情，而是，我要先懂得讓自己活得快樂，當我是一個正面、快樂、內心富足的人時，我才能付出，才能給對方一個更有質感的自己，與更有質感的愛。

　　我也時時刻刻提醒自己，不要用自己的付出情緒勒索另一半。他愛我，是因為我是一個值得他愛的人，而不是因為我付出了這麼多，所以他要更愛我。

## 先當快樂的父母，才能給孩子愛

　　這樣的想法放在親子關係上也是，你要給孩子有質感的愛，前提是你要是一個快樂的父母親。而不是你總說為了孩子付出、忍耐、為家庭犧牲，所以這是愛。你為了他們，所以你活得不快樂。如果你活得沒有愛、沒有快樂，你怎麼能付出有質感的愛？怎麼讓他們學習愛？

## 快樂不是交換，而是付出

　　我們常在感情裡要求對方讓我們快樂，做讓我們喜歡的事，

因為這樣我們才會快樂、才感受得到對方的愛。但其實，如果你本身就無法讓自己快樂，別人給了你再多，你也不會滿足。角色對換也是。

因為，不快樂的人，無法給對方有質感的愛情。

**快樂，無法去「得到」，付出，無法去「交換」，想要什麼樣的愛，還是得回歸到你自己本身**。你富足，才能付出，你快樂，才能經營一段快樂的關係。你讓自己活得精采，才會擁有一個一起與你經營精采人生、分享快樂的人。

你讓自己活在什麼狀況，就會談什麼質地的愛情。

先讓自己快樂，才能好好經營一段有質感的關係。

# 在一起多久，
# 都要保有戀愛的心情

　　結婚快三年了，常會被問到婚後的感想，因為許多人都會說：「婚姻是愛情的墳墓。」結了婚後，很多人的感情就變淡了，過著像是親人，甚至室友的關係。愛情會隨著婚姻裡的現實生活而被慢慢的消磨掉。

　　單身的時候，我常看到、聽到許多人講著這些「墳墓」的故事，老實說我也會怕怕的，更讓我相信，要找個「對的人」，才能讓你的婚姻生活不後悔，不會活得充滿哀怨。所以結婚前，我腦子裡的水都抽光了。（有句話說：「婚前腦子進多少水，婚後就會流多少淚。」）我要的是能夠相處的對象（當然，相愛也很重要），所以在找伴侶的時候，我會找一個值得信任、有責任感和家庭觀念的男人，這樣才會有能夠在一起長久的基本盤。

　　結婚後，難免會有些生活上的摩擦和磨合，以及維持婚姻生活方式的彼此協調。雖然也是會吵架或一些小小的不愉快，但在溝通後，我們也越來越進入佳境，找到彼此喜歡的方式去相

處。相處是要靠智慧的，所以我自己的個性和脾氣也變得比婚前好，可能是步入婚姻後，不得不長智慧吧！（笑）

現在如果問我：「婚姻是不是愛情的墳墓？」我會說：「我很慶幸我不是活在墳墓。」婚後的我們，感情比婚前、談戀愛的時候還好，這並不是熱戀期的激情，而是，我們兩個人有用心去經營，去創造美好的婚姻生活。

我常笑說，每次跟另一半出去，都會有一種「約會」的感覺，看到他依然會「心動」，而且朋友看到我們都說，我們就像熱戀中。我覺得，保有這樣的「戀愛」感覺，婚姻生活自然會更有樂趣和情趣。

## 老伴，今天來約會吧！

很多人說，都住在一起、結婚多年了，怎麼會有約會的感覺呢？那麼，想想看你們剛開始約會的心情吧，忙了一天期待見面的時侯，見面會笑嘻嘻的，你會打扮一下，他會去找一家你們喜歡吃的餐廳，訂好位置。於是你會開始想，今天要穿什麼好？

你們吃飯時總是打情罵俏，你們會牽著手、散散步、談談心，而不是只有各自滑手機。如果日子一成不變，那就找個沒去過的餐廳、新的地點，去看一場電影，找個地方散散步，讓一成不變的生活有一些「新的期待」。平常都沒在打扮的你，

如果特別為了跟他見面、吃這頓晚餐而精心打扮、化個妝，對方也會驚豔，覺得你跟平常不一樣。這不就是情趣嗎？

## 要記得保有女性魅力

我認真的覺得，女生千萬不要因為在一起久了、結婚了，就開始變得邋遢、不再注意自己儀容，放任身材變形，朝著大嬸的方向走。很多年紀輕輕的女生，把自己活得像大嬸、黃臉婆，你自己看了自己都不開心，另一半看到你怎麼會開心呢？

**女人不管幾歲、有沒有伴，都要記得保有「女性魅力」，還是要活得像個女人，甚至腦子裡也要覺得自己像個女人。女人**有很多角色，而不只是太太或母親。尤其是有了小孩後，很多女人的重心都在孩子身上，生活中的角色只剩下母親，於是冷落了另一半（妻子的角色不重要了），也忽略了自己本身。

雖然說，為了孩子付出很重要，為了家庭犧牲是必然，但是，女人如果永遠把自己擺在最後面，最後，你的另一半也把你擺在最後了（我們看過太多例子了）。

無論如何，還是要保有自己獨特的女性魅力，並不是因為結婚生子，就要把自己的魅力通通掩蓋起來，只當一個Family woman。你還是不能忘了自己，要當一個自己看了也會開心的自己。當你有自信、快樂，你所散發出來的吸引力，也會感染另一半，讓他被你吸引。

女人不能因為結了婚而懶散

　　還記得剛結婚的時候，我也覺得既然結婚了就不用花太多精力去打理自己，反正都結婚了嘛！所以我變得不重視打扮，也變胖，只有重要場合才會想打理自己，平常都很隨便。但是久了後，我發現我漸漸不喜歡這樣的自己，而且只有重要時刻才裝扮，就會變得不熟悉，反而越來越打理不好。

　　這時我要滿感謝我的另一半，他是很有美感的「天秤座」，他終於看不下去了，跟我說：「老婆，你在家可以不要穿那些看起來像是要丟掉的衣服嗎？」或是在我們出門時跟我說：「老婆，你可以不要這麼邋遢，穿這麼隨便嗎？」他喜歡我看起來是漂亮的、有自信的，而不是不重視自己的外表。雖然他碎碎唸的時候有點煩，哈！但是認真想想，他是為我好。

　　所以我也趕快努力把內心的「已婚大嬸魂」給消滅掉。不是為了他，而是為了我自己。我開始認真打理好自己、注重身材和健康，也學會在每次跟他外出時打扮自己，不一定是盛裝，但是要懂得看場合穿衣服。讓自己美美的，心情好，另一半也開心，何樂而不為？

　　**對男人來說，最怕無趣的女人，其實，我們也怕無趣的自己。**就算在一起久了、結婚了，還是要讓自己不斷成長、變好，而不是就此停滯。你越快樂、越喜歡自己，才能維持一段幸福的關係。

## 創造專屬於你們的約會時光

在一起久了，結婚了，也可以「約會」。其實這是一種心情的轉換，譬如，我偶爾會趁我另一半午休的時間，跟他一起去他公司附近吃中餐。我都開玩笑說這是「午休偷情」，我會跟他手牽手，找個附近的餐廳，一起用用餐，聊聊今天發生的事，然後再去喝一杯咖啡，回程買個麵包回家，最後跟他道別一定要親一下。嘿！這樣的午餐約會是不是很輕鬆有趣？

有時候我們在家吃飯，有時外出用餐，我們也會在忙碌的一天結束後，約好直接在餐廳見面。如果是個有氣氛的餐廳，我也會打扮一下，穿上高跟鞋，漂漂亮亮的到餐廳跟他見面。這種感覺很像單身時的約會，我們約在某個地點見面，而不是一起從家裡出發，也會更有約會的感覺。

在家裡的時候，吃完晚餐我們會一起小酌一番，喝杯酒放鬆一下，一起聊聊天、看個影片，這也是居家的小約會。

我覺得生活的情趣要營造，最重要的是，女人不能放棄身為女人獨有的魅力，趕快把你的大嬸魂趕走，找到那個最有自信、最喜歡的自己，做對方心中那個可愛的女人。

**你可以把婚姻活得像個墳墓，也可以把婚姻過得美妙，想要什麼樣的生活與幸福，都要自己去努力，去創造，不是嗎？**

# 享受獨處，
# 享受相處

沒有愛情的時候，我們享受與自己最美好的關係，有伴侶的時候，我們依舊享受獨處的魅力，與獨立的自在。

有人說，最好的朋友在一起不是無話不談，而是，什麼也不說，也不會感到無趣與不自在。那麼，最好的伴侶並不是非得要時時刻刻在一起，而是，他不在你身邊時，你還是感到安心、踏實，你還是感受得到愛。

我常說，人不一定非要找個伴，但你要先學會跟自己相處。如果自己不快樂、不滿足，那麼，勉強找到的浮木、不踏實的愛情也不會讓你快樂，甚至，讓彼此更痛苦。

但有人問：「如果單身時過得很好，是不是就更難找到伴？」

也是，也不是。一方面，你更懂得自己要什麼、不要什麼，你不會隨便找個伴，所以表面上看來，似乎不容易找到伴，那也是好事。

另一方面來說，找個伴並不是解救你的方式。而不管你有沒有伴，讓自己過得好、過得快樂、提升自我，是你的義務，並不是別人的責任。當你是自己最好的伴，那麼真的遇到了好的伴時，你們才會1+1>2。

真正的愛，不是豢養你，告訴你這就是他給你的天空，而是鼓勵你勇敢的飛翔，一起看見更美好的天空，與更好的自己。

而最美好的平衡是，擁有愛情的信任與踏實，及心靈的獨立與自由。你們禁得起風雨、抵得住平凡、看得透虛華、擋得了誘惑。

在平凡無奇的日常裡，感恩珍惜，甘之如飴。吵完架了，記得相擁，有虧欠的，記得道歉，別人為你付出了，真心感謝。

在愛與自我中找到最美妙的平衡，當你能夠享受獨處，才能享受相處。

#最好的伴侶是最好的旅伴
#沒有伴侶也要好好愛自己
#單身的好好享受你的獨處時光
#有伴的好好珍惜愛你的那個人

# 不完美，
# 才是平凡的幸福

生活中許多美好的事，都來自於那些不完美的小事。

我喜歡早晨靜靜的閱讀、喝咖啡、思考生活。常在想很多人會問到「沒自信、不快樂」的問題，或許是我們太過於追求完美，於是無法忍受自己的不美好、伴侶的不美好。

許多人常逼著自己「非得要怎樣」，不只逼自己，也會逼著別人、你愛的人「非得要做到」什麼。

於是不斷的責怪自己、苛求自己，讓自己更沒有自信。逼迫對方的結果，也讓彼此更不快樂。於是你會發現，不快樂的彼此也無法為對方帶來幸福的生活。

有時候，拋開心中那把「非得要怎樣」的高標準尺，你會發現，快樂並不是來自完美無誤，而是你學會包容、體諒，接受彼此的不完美。你們才會抱著更寬闊、快樂的心，去學習做個更好的伴侶。

對待自己，不要總是苛責、否定自己，而是欣然接受自己的好或不好。自我成長，比追求完美更重要。

對待你愛的人，讚美對方的一點點進步和付出，比苛責對方沒有達到你的標準，更能激勵他。每一個人都需要掌聲，而不是噓聲。如果你愛他，又何必吝嗇給他一點掌聲呢？

人生中也沒有什麼決定一定是對的，什麼事情是面面俱到、完美無瑕，有點遺憾、有時犯錯、有些懊惱，或許這才是真實的人生樣貌。追求完美不會讓你快樂，而讓你開心大笑、真心快樂的，往往都是那些意料之外、不完美又可愛的小事。

而這些，才是踏實而平凡的幸福。不是嗎？

# 保持感情裡的危機意識

　　我常會收到許多感情問題，也見過不少身邊人的感情、婚姻問題，許多人（特別是女人）往往在感情出現變化、對方劈腿、突然分手後，人生頓失依靠、沒有方向，甚至不知道要怎麼活下去，因爲來得太突然了，誰會沒事做好分手的準備呢？

　　但是我常在想，如果你會爲自己買保險，像是醫療險、癌症險……因爲有可能生病或發生意外，甚至車子也會保險，因爲可能不小心被撞或事故，坐飛機你也會買保險，勢必是因爲相信人生有很多「變化」是你無法預期的，所以要做好準備。但是，唯獨感情你不會去做準備，因爲你不認爲感情也會有變化、意外嗎？你覺得「永遠」會是一輩子的保證嗎？只要結了婚就不會變嗎？

　　或者，你相信感情是充滿變化的，也怕對方會變心、以後會不愛你、拋棄你，甚至婚姻也不一定保證不變。但是，換個角度想，或許變的是你，不愛的是你啊！在這個感情時時充滿變數的時代，離婚率高達百分之五十，每天看到許多離婚外遇的新聞，怎麼不會擔心下一個輪到你？怎麼保證你們不會變？

## 結婚，不代表一定會有美好結局

不是我悲觀，而是我覺得現代人更應該務實的面對這一切，而不是活在童話故事「從此永遠幸福在一起」的幻想裡，以為這應該是不變的結局，以為結婚就是愛情的美好結局。

但也不是因為知道現代感情充滿太多誘惑、變數，就一律否定，或遇到壞人就說：「天底下沒有好男人了！」我相當不認同，因為天底下也是有好的人，只是你剛好遇到了壞的。那麼，你該檢討的是你的眼光，別人壞，你可以不要愛，不是嗎？你也可以選好的來愛。

也不是因為現在離婚率高，外遇、劈腿的人太多，所以你就完全不信任感情、不相信另一半，每天過著偷看手機、想辦法捉姦、疑神疑鬼的生活。甚至把自己的不信任、沒有安全感，當作制約對方、控制對方的方式。**談個戀愛好像在演CSI犯罪系列影集，每一集都有不同的壞人要抓，或每天過著法官審問犯人的生活，這樣的感情，也太辛苦。**

## 用積極務實的態度去面對感情

我覺得更務實一點的想法是，你要拋棄「以為感情永遠不變」的天真童話幻想，也要放掉「我就是不信任感情、不相信對方」的負面心態，否則你不會快樂，你的伴侶也不會快樂。

用更務實一點的角度來看感情，既然你知道感情可能會遇到危機，你就要好好的經營感情、處理感情裡的問題。

## 感情有問題就要馬上解決

就像有一個說法是，談一段感情就像搬一個新家，剛搬進來都很新很乾淨漂亮，但你可能就此鬆懈、懶散了、不打掃自己的房子、堆放太多雜物不整理（等同於不經營兩人的關係、有問題不去解決、擺爛）最後出現了蟑螂螞蟻（第三者）。其實，第三者有錯，你們之間也有問題。這只是雞生蛋、蛋生雞的差別。所以，感情和婚姻真的需要經營、打理，而不是理所當然、不去照顧。

當然，如果這個房子本身有解決不了的問題（另一半的問題，或你們之間無解的問題），你更可以考慮搬走、換個房子。這都是你的選擇。

## 經營感情才能度過危機

我覺得感情裡的「危機意識」是，要更懂得經營感情，知道感情也會有變化。如果你珍惜感情、愛對方，就更要好好的經營打理你們之間的關係，讓你們的感情隨著時間更穩定、更好。因為沒有人應該「理所當然」的對你好、愛你，你也不應

該把對方的付出當作應該的，在一起越久，越要懂得珍惜、尊重對方。這樣感情才能長久、永保幸福，不是嗎？

　　**另一方面來說，你也要好好的經營自己，讓自己一直保持「讓對方愛你」的狀態，說穿了就是維持「美好的競爭力」，**不是說你要去勾引別人，證明自己的魅力，而是要讓對方一直欣賞你，覺得與你在一起是一件很驕傲、很快樂的事。

　　許多人因為在一段穩定的關係太久，就認定對方應該會愛他一輩子，而放棄了自己，覺得只要全部付出在對方、家庭身上，對方就會感謝他。但卻疏忽了對自己的愛和照顧，甚至委屈自己，最後也不一定得到對方的感謝和愛。

## 不要用責任義務來制約對方

　　其實我覺得，讓另一半願意一直跟你在一起的原因有很多種，有責任義務、有同情、有不得不……但是，一段長久而美好的感情，其實是建立在「他覺得你很棒」之上的，要讓他一直維持對你的欣賞。

　　當然，責任義務很重要，但是，如果他對你還一直保持著「愛」，老了還能當可以調情、耍浪漫的老伴，不是更好？

　　**在感情裡抱著危機意識，並不是要懷疑、要不信任、要否定，而是，你更懂得珍惜感情、珍惜自己。**

## 「獨立」讓你不怕危機來臨

因為不知道可以愛多久、活到哪一刻，所以為了不要造成以後的遺憾，寧可對他好一點、珍惜當下。因為不確定對方是不是一定會愛我們一輩子，所以我們更要懂得獨立、顧好自己，保有經濟獨立或謀生能力，如果對方離去，我們還能有尊嚴的活著。

因為知道感情不能當飯吃，愛情不是你的全世界，婚姻也不是你人生的全部，所以更要好好打理自己的生活，不要把愛情當作生活重心，而是當一個能把親情、家庭、朋友、工作、興趣……許多事情都兼顧好，不會因為失去愛情而倒下的女人，才更值得對方尊重和值得更好的愛情。

當你越懂得珍惜感情、經營感情、珍惜自己、讓自己過得好，相對來說，你也更擁有幸福的能力。因為你能夠付出，內心夠富足，你給得起，才能得到。

感情裡的「危機意識」是一種建立在悲觀之上的樂觀和積極，如果你因為怕生病而懂得養身，你也該懂得，照顧好自己和照顧好感情。

**失去感情不可怕，失去自我，才是最可怕的事。**

PS. 我形容危機意識是「居安思危」，時時都會先把最壞的狀況想好、做好準備，大概因此所以我們很務實。我常說，我的

樂觀是建立在悲觀之上，所以把最壞的都想過了、準備好了，就好好開心過日子吧！

　　說到我自己的「危機意識」，我是百分之百信任我的另一半，從未查過他任何事。我的危機意識是用來「經營感情」，以及「經營自己」。我要讓自己好到對方捨不得不愛我，捨不得離開我。（眨眼）

# 愛不是控制，
# 也不是占有

妹的愛情：我要占有你，我不能沒有你。

姊的愛情：我沒有要占有你，但你無法沒有我。

跟朋友討論起「占有」，她說感情不是互相占有。我笑著想，果然這是「姊」才懂的人生歷練啊！

當然，有人會說：「不占有怎麼算是愛？」我會說，愛是一種一起分享生活，共同豐富人生的關係。

你要找的伴侶是一種 life partner，而不是誰要管誰、控制誰。我不是你的財產，你也不是我的附屬品。

## 真愛不是控制對方

年輕時，愛一個人就會想要完全擁有他，最好他的世界只有我就好。但是，成熟一點的我們，因為曾當過愛情籠中鳥，經歷過以愛為名的壓抑、監牢，甚至當過討厭自己的控制狂……

之後我們發現，原來愛一個人，不是要他待在我們身邊不

能飛翔，也不是我拆掉了翅膀，不再成長。而是，我希望你飛得高飛得遠，我們可以並肩飛行，也可以各自看見不同世界的美，然後，我們願意停下來，一起分享人生的美景。

年輕的愛情總是想要控制對方，但現在成熟一點來看，我們不會再去當那個控制狂，而是給予彼此美好的空間。找一個值得你信任的對象，然後全心相信他，這種互相的感覺，才是感情最美好的地方。

## 沒有安全感才會想占有

也有人擔心，如果不去「占有」，愛情會不會很容易消失、抓不住他？其實，最有自信、最禁得起考驗的感情，不是你要抓住他、掌握他，而是，你有信心不會失去他，而且你有信心，就算失去他，你還是可以相信愛情，好好活著。

而，就算你盡了一切努力，最後還是失去了，那也只是說明，他本來就不屬於你。我們勇敢去愛，當然也要有接受失去的勇氣。

## 務實不是悲觀，而是懂得現實

我可以說，我很愛你，但我隨時都抱著失去你的準備。那不是悲觀，而是務實。

也因為我可能會失去你，所以我會更懂得珍惜當下在一起的時光。不管是感情散了，還是誰先離開了人世，我們都要好好的活在當下、珍惜彼此、創造美好的回憶。

愛一個人不是抱著害怕失去而緊張猜疑，而是舒服自在的去愛，在愛自己和愛人中取得美好的平衡。

## 「沒你不能活」並不是我們的態度

妳已經不再是「我不能沒有你」、沒有愛就活不下去、以為失戀人生就毀了的妹子了，也不會去奪命連環call、管東管西把自己變成討厭的黃臉婆。而是，我們的人生還有很多美好、重要的事情要做，愛情是我們生活的一部分，不是全部。

愛一個男人，不要跟他說：「我沒有你不能活。」而是**讓他知道，沒有他，你活得很好，有了他，變得更好**，而他因為你，成為一個更好的男人。

不去占有而得到的，才是真正屬於你的東西。

讓你感到快樂的愛情是「享有」，是彼此享有對方美好的經歷，創造一個共享、互相的關係。

## 控制並不能讓彼此快樂

年輕時會企圖想控制對方，也以為被對方所掌控是一種幸

福。但現在想起來，那真是可怕的經驗。

經歷了許多感情，我們發現，因為控制而得來的愛情並不會長久，也不會快樂。就算勉強在一起，也是互相折磨，把痛誤當成愛。

如果成天活得緊張兮兮，這樣的愛真的太辛苦，我們都曾有過這樣的經驗，所以現在對我來說，不用繃緊神經是多麼愉快的事啊！能彼此信任，更是最美好的愛情關係。

成熟的愛情是，我們不要勉強去占有、控制對方，而是一種互相尊重的愛。一起分享生活、豐富彼此的人生，那麼，這才是最美好的life partner關係！

# 做一個「好的伴侶」，
# 也要做一個「快樂的自己」

最近常看到許多人在討論小三的話題，他們總是說：「我還不夠好嗎？我為他做了這麼多，對他和他的家人那麼好，結果他還是劈腿，難道是我的問題嗎？」

很多人認為，當一個「好的伴侶」就能打造一段好的關係、對方就會愛他，但是，這就是保證嗎？

他們認為自己對對方那麼好，對方應該也要同等的回報，或是對方因為自己的好而更懂得珍惜感情。的確，當你愛上一個人，你就會努力的為對方好，但是，**諷刺的是，很多時候，我們所認為的「好」並不一定是對方要的。又或者說，你的「好」不一定會交換到對等的愛。**

## 付出就能換得愛情嗎？

那麼，難道就要自私一點，不要再付出了嗎？也不是這樣，而是，你真的覺得他是「對的人」嗎？這段感情只有你自己在

唱獨角戲，他真的有入戲嗎？他是懂得珍惜感謝你的人嗎？你們的感情是對等的嗎？

很多人在愛情裡「奴性」很重，認為只要自己夠犧牲、夠委屈，榨乾自己、掏空自己的去愛，對方就會因為你的付出而感到感謝、回報你。我過去也曾經歷過這樣的階段，但是後來發現，那只是我自己的一廂情願，舞臺上只有你自己是悲劇愛情的主角，對方根本就不屑一顧。這並不是一種交換和得到愛情的方式。

甚至有的人覺得自己要得到一種「好男／女友」「好老公／老婆」的榮譽勳章，當作模範的榜樣，所以要無盡的付出，甚至只為了對方、為了家庭而活，沒有自己。但是，你認為這樣的人感情和婚姻一定幸福嗎？並不一定。

## 讓對方快樂之前，先想想你自己快不快樂

看到許多人的問題，我想了想，我覺得，在當一個「好的伴侶」的時候，你有沒有想過，你自己快樂嗎？

如果當個「好的伴侶」的同時，你並不是快樂的（或把痛苦當快樂的自虐），那麼，這樣壓榨自己的付出，並不是真正的愛，即便你可以交換得到一些愛，但最終還是會失敗。

因為，當你心裡不快樂的付出，對方也會感受到，你不甘願、有怨言，這也不會是一種快樂的循環和互動，最後，你越

付出越不快樂，對方也越感到壓力，甚至想要逃脫。

我也曾為了當個「好的女友」而做一個「不快樂的自己」，我不敢表達我真實的情緒，我害怕失去感情而忍耐太多，我委屈自己配合對方，只因為想當一個「他所喜歡的女友類型」，但我知道那不是真正的我，他喜歡的也不是真正的我。最終，還是失敗，而我也因為可以不用再壓抑自己而感到解脫。

## 「好的伴侶」和「快樂的自己」是一種平衡

如果，你們彼此都能夠當一個好的伴侶，同時也能當一個快樂的自己，那就是最好的感情狀態。我覺得感情最輕鬆快樂的就是能同時做自己，又欣賞彼此的真實，然後都能夠為了對方，互相做一個好的另一半。這是雙方面都最好的狀態，這樣的感情才能長久快樂。

但是，有可能你當一個「好的伴侶」並不一定是「快樂的自己」，又或者，你比較適合當「快樂的自己」（單身），而不適合當對方「好的伴侶」。如果缺少其一，一段幸福的感情都不成立。

**感情並不是單方面的，你不能自己想要快樂，又要對方處處配合你當一個你要的「好的伴侶」，那太自私了。**如果你一直要求自己當個「好的伴侶」而忽略了自己內心的快樂，那麼，這樣的關係又能撐得了多久？忍得了多久？

我所認識，在感情、婚姻裡眞正過得幸福的人，都是除了當一個「好的伴侶」之外，也從來不會忽略自己的快樂。

　　我有些朋友結婚了，也會自己去旅行，因爲熱愛旅行或享受獨自放空的感覺，他們會去走走，偶爾放下另一半、放下小孩，讓自己心靈沉澱、充電，讓自己擁有更快樂的心情去過生活。或是專注於自己熱愛的事業、興趣和夢想，有的人不解的問她們：「結了婚還要自己旅行，還要放下另一半去做自己喜歡的事，這樣好嗎？」有個朋友笑笑的回答：「我是結婚，不是坐牢。」這樣的人多半擁有另一半的支持，去做一個「快樂的自己」，他們的感情其實更好，也都很幸福。

　　**眞正快樂的關係不會失去自己，而是在自己和對方身上找到一個平衡。在愛自己和愛對方中得到一個平衡。**

## 「爲他好」並不一定是他要的

　　相對來說，要求自己做到無私、無我付出犧牲的人，他們期許自己要當一個好伴侶，但這樣的壓力往往讓自己更不快樂，伴侶也總是被他們抱怨不懂得回報。

　　我們往往在感情裡會一頭熱的想去爲對方做點什麼，但其實，有些時候都是我們自認爲這是「爲他好」，但最重要的是，他眞的覺得你很好嗎？他眞的珍惜你的好嗎？他眞的覺得這是他要的「好」嗎？

如果沒有，那麼你的付出都是枉然。不是因為你對他的好是不對的，或是你不夠好，而是，你付出了錯的對象，錯的方向。

**痛苦的、壓抑的、犧牲自己的去愛人，最後得到的也不會是愛，就算是同情，那也不是愛情，最慘的是，連同情都沒有。**

任何一段感情都不值得你失去自我與內心的快樂，如果你不快樂而得到你想要的愛，那只是自我欺騙，不真實的愛也不會長久。真正愛你的人會希望你快樂，而不是讓你當一個不快樂的人，只為了滿足他的快樂。

## 真正愛你的人，會希望你快樂

做一個「好的伴侶」，也要做一個「快樂的自己」，缺一不可，唯有你們彼此來自內心的快樂，才能互相給予對方幸福。

不要再問：「我還不夠好嗎？」要問問自己：「你快樂嗎？」

# 幸福是心態，
# 快樂是選擇

看到半杯水，有人可惜只剩一半，有人笑說還好有半杯。
看到大太陽，有人開心是晴天，有人懊惱陽光太刺眼。
看到別人優點，有人會向他學習，有人會找理由酸他。
看到朋友快樂，有人替他感到開心，有人會嫉妒他的好。

對於伴侶，有人總是會找他的毛病，證明自己是對的，
有人懂得看見他的好，包容不完美，不去批評、比較。
因為，幸不幸福，跟證明誰比較對、誰比較好無關，
而是努力讓自己和伴侶，成為比較對、比較好的人。
那才是更有意義、對彼此更有幫助的事，不是嗎？

決定你快不快樂的是你的心態，和你的選擇，

尊重你的選擇，也保有選擇要幸福、要快樂的權利。
生活本就不完美，選擇了，就努力活得更美。

當你低潮、有負面情緒時，好好為自己找到解套的方法，
而不是把情緒丟給別人，用情緒勒索你愛的人。
因為，沒有人理所當然要接受你的言語傷害、情緒暴力。

看到一句話寫得很好：「不要當愛情裡的酸民。」
不要去酸、批評、嘲笑、不屑你口中所愛的人，
酸久了，傷害造成了，有一天你可能就失去他的心。
你能夠傷他、唸他、酸他，是因為他願意包容你，
沒有他願意忍受包容，你又怎麼能無後顧之憂的傷害他？

將心比心，你也願意讓他「照你的方法」來傷害你嗎？
懂得做對的選擇，並尊重你的選擇，
擁有看得見美好的心態，多看別人的好，
你要什麼樣的生活，其實都是你自己決定的，不是嗎？

#請珍惜那個給你唸的人
#不要當愛情裡的酸民
#愛不是理所當然也不是永遠忍耐
#不要把伴侶當情緒垃圾桶
#選錯了就認賠殺出放手會更好
#在一起不要總是爭輸贏爭對錯
#贏了面子輸了感情才是最大的輸家

# 謝謝你，
# 讓我成為更好的自己

「現在高麗菜便宜，來包點水餃吧，餓了可以煮，很方便
的。」週末中午做完午餐、洗碗後，馬上準備水餃餡，迅速包
起餃子。

結婚前的我，絕對想不到我會把自己搞得這麼累，但是，我很
快樂，比起過去，內心滿足的程度難以言喻。以前，我覺得快
樂是別人多愛你、對你多好，但是，現在更懂，內心真正踏實
的快樂是，有個人可以讓你去愛、去對他好。（當然，他要值
得你的付出。）

而更重要的是，婚姻並沒有讓我失去自我，我更懂得經營自
己、顧好自己，我擁有心靈的自由，以及全然的信任。人生走

了一半才領悟，能同時擁有心靈的自由和全然的信任，是多麼奢侈的事。

現在我更懂，在這個時代，幸福的關係不容易經營。所以我從沒有一刻覺得對方一定要愛我，一定要對我多好，而是，我要怎麼成為他會一直想要愛下去的人。以及，我要怎麼成為一個，我會一直愛著的自己。

真正愛你的人，他懂得你的不美好，他不會否定你、責怪你，而是希望你能夠變得更好。而當你真正愛上一個人，你會心甘情願的，為他成為一個更好的男／女人。

愛的視角，謝謝你，讓我努力成為更好的自己。

Part5

經營幸福

用心經營，才能真正抓住他的心

# Happy Wife, Happy Life.

裝笨不是真笨,而是一種不計較、不逞強,理直氣和、溫柔而
堅定的生活智慧。

許多人問到與伴侶相處的問題,我說「容易覺得快樂滿足」是
一種很重要的性格因素,另一半就常笑我很容易因為小事開
心,不開心的事都忘得很快。

與你愛的人相處,不要拿工作的態度來面對他,即使你很聰
明、精明,跟他相處就切換到「伴侶模式」而不是工作模式。
伴侶模式就是不要計較、不要比較、不要命令、不要質詢,很
多時候你並不是有意,但說話的方式卻可能會讓對方感到不舒
服。

你有堅強的靈魂，更要有柔軟的態度，偶爾傻一些（但不代表包容你無法接受的錯誤）、大方一些、願意先讓對方一些。但你也有你的原則、需要被尊重的地方。

女人有女人的先天武器，不要濫用，卻也不要浪費。你要讓他知道你很愛他，並不是你沒有選擇，而是他是你最好的選擇。如果他不夠愛你，你也有追求更美好人生的權利。

你很愛自己，並且給他滿滿的愛，而不是苦苦在他背後追著他要愛。

先當一個快樂的自己，自然能經營一段快樂的關係。

獻給各位男士：
Happy Wife, Happy Life.
Happy Mammy, Happy Family.

# 把婚姻當成事業經營

　　如果你在工作上願意努力，那麼，為什麼不在婚姻上一樣努力？工作要經營、要努力，才會有收穫，那麼，婚姻就不需要努力、不用經營嗎？其實轉念一想，把經營婚姻當作經營事業，你就知道怎麼做了。

　　結婚後，許多人都會跟我聊到婚姻的問題，我覺得自己對婚姻的想法更務實了許多，常笑說：「婚姻就像修行。」「婚姻就是事業。」我常會跟許多未婚的人說，不要輕易結婚，如果要結婚，也不要把「愛情」當作維繫婚姻或解決問題的方法，而是，你要更懂得經營、管理、規畫你的婚姻，才能得到你要的幸福生活。

　　許多人願意容忍自己的上司客戶，但是回到家卻一點也不想忍受另一半。在外對人和顏悅色、有禮又優雅、風度翩翩，回到家卻變成口不擇言、河東獅吼，一點禮貌也沒有，你懂得經營職場的關係，卻無心在自己最重要的家庭關係，這樣不是很怪嗎？

　　其實婚姻和家庭才是伴隨你最久的，你更應該用心，就像在

職場上一樣努力。沒有不經營、擺著就會讓你幸福的關係，只有你願意努力，才會得到收穫。

許多人會稱自己的另一半為「隊友」，未婚的人可能不懂，但是已婚的人一定很懂，所謂的隊友就是兩個人是同一隊，要站在同一邊，分工合作、互相幫忙，而不是拖累對方、互相殘害。很多人遇到了「豬隊友」，讓自己在婚姻生活中更辛苦、更孤立，對方不幫忙分擔家裡的事就算了，還會扯後腿，甚至在跟公婆相處上幫倒忙。

我一直覺得另一半就像是你人生的合作夥伴、life partner，兩個人組織成一個家庭，家庭就好像公司一般，你們要各司其職、發揮所長，一起經營你們的婚姻生活。所以找到一個好的夥伴、如何培養一個好的夥伴很重要。

但，管理公司的方法百百種，怎麼訓練另一半（培養優秀夥伴）也要用對方法，你們可以訂出公司的準則（家庭的規範），獎勵或處罰機制。

我覺得最好的方法就是要激發夥伴的潛能，千萬不要一個人攬下所有的工作，而是要懂得分配，當然最好的方式並不是責罵夥伴，而是鼓勵他去成為一個更優秀的員工（笑）。

## 對待公婆就像是客戶關係管理

怎麼跟公婆相處？其實就把他們當作公司的重要客戶吧。如果你在公司願意假裝對客戶有禮貌、客氣，願意看在公司的份上對客戶好，顯現你的專業和親和。那麼，就把這樣的方法拿來對待你的公婆吧。

即便你再討厭一份工作，但你還是要把它做好，這是你的專業。那麼，再怎麼不喜歡與公婆（或其他親人）相處，就當作是工作，也可以想像把見公婆當作出差，**送份伴手禮皆大歡喜，你不用跟客戶深交沒關係，只要保持對公司有益、友好的關係即可**。

如果公婆很難相處，這時絕不要孤軍奮戰，一定要把隊友推上最前線。任何決策都是隊友的決策，你只要負責當白臉即可，這才是專業團隊的分工。

## 夫妻同心，給予對方歸屬感

一個好的、永續經營、讓員工一輩子都不想離職的好公司，通常不只是工作上得到好的報酬或福利好。而是，這個公司會讓員工感覺像是「家」一樣，他們自豪自己是家庭成員，因為公司給予他們「歸屬感」。而婚姻也是。

有句話說：「夫妻同心，其利斷金。」只要你們彼此的心

是在一起的，是一個堅強的團隊，那麼，沒有什麼可以破壞你們。給予另一半安全、值得信任的「歸屬感」，他就會為了這個家庭更努力、更用心。

夫妻同心之外，你們要有共同的目標，為了家庭努力前進的方向要一致。而且一定要讓你的隊友知道，不管怎樣，你一定挺他，這種信心和信任，才是支持一個家庭的力量。

## 幸福的婚姻靠的不是愛情而是經營

婚姻就像是公司管理，你要懂得經營和管理，光靠愛情是無法應付現實生活的，因為當你走進婚姻你會知道，生活比愛情還不容易，兩個人能相處，比相愛還辛苦。當然，有愛情是基礎，但能夠長久，真的需要你的智慧和努力。

你要懂得經營婚姻，也要懂得經營自己。當一個最有價值、不可取代的夥伴，也要讓對方知道，彼此都要對婚姻努力，缺一不可。

把婚姻當事業經營是一個比喻，當然你可以常換工作，不太會常換另一半。比職涯更長久的婚姻，經營起來一定比工作還不易。如果你是個擅長於工作的人，那麼把許多工作上的想法和態度拿到婚姻生活中，會更有幫助。

最重要的還是，你不能保證婚姻永遠不倒閉，經營好自己，才是你人生的要務啊！

# 當你不怕離婚，
# 男人才會怕失去你

　　前陣子跟作家許常德對談時，談到我和另一半經濟獨立、沒有共同財產，他笑說：「這樣離婚很方便。」我說，其實我不怕，不能因為離婚率太高就對婚姻沒信心，而是知道現實，然後為現有的去珍惜和努力。畢竟，**我們不是抱著童話故事的夢幻心態結婚，而是，我們了解現實世界，用更聰明、更有智慧的方法去經營感情和婚姻關係。**

　　對一個「務實的悲觀主義」的魔羯座來說，人生永遠都是做最壞的打算，最好的準備。人本來就不能以為結了婚，對方就應該愛你一輩子。也不要用結婚來解決問題，更不要把對方的付出當作應該、理所當然。最最最重要的是，我們女人不能因為結了婚，就自我放棄、不再成長。

　　觀察那些結了婚後過得幸福的女人，她們都不是處處依附男人或沒有自我的女人，相反的，她們都充滿了自信和競爭力。她們不會總是花時間在抱怨、批評那些對她不公平、不友善的事情，而是，她們懂得用更聰明的方法去解決那些她不喜歡、

不想要的事情。因爲她們知道忍耐無法得到幸福，只有解決問題才能改善、改變自己的命運。

## 女人永遠都要有自信和競爭力

很多女人（其實也不只女人）婚後就會有一種安心的感覺，也覺得婚姻就是愛情的證書、happy ending，所以結婚後很多人的心態就會變得懶散、不積極，也覺得對方要愛他、要對他忠誠，都是理所當然的，即便自己不再去做什麼努力，對方也「應該」要愛他一輩子。其實這是很錯誤的想法。

問很多婚後的女人：「你喜歡你自己嗎？」很多人是答不出來的。因爲生活已經消磨了原來有的自信和快樂。我在婚後也曾有段時間變得不愛打理自己，覺得愛漂亮似乎不是那麼重要，反正都結婚了嘛！直到我另一半叫我不要再穿髒掉、破掉、鬆掉的衣服在家裡，跟他出門可以不要邋遢嗎？我才驚覺，天啊！我剛結婚就有了黃臉婆的心態！

於是我振作了起來，除了繼續努力維持自己的工作、提升自我外（經濟獨立是女性魅力的來源，絕對不會輕易放棄），我也開始努力健身、運動維持身材，也時時提醒自己要懂得打扮、打理好自己，不能一結婚就變成大嬸。然後也不能忘記充實自己、培養興趣，讓自己充滿了活力、更有魅力。

女人很容易在婚姻中忘記自己，甚至把自己放到最低、最後

失去自我，但是我看過太多悲慘的例子，這樣的女人其實也得不到男人的感謝和憐愛。男人並不會對一個「沒有選擇」的女人著迷，而是，知道你充滿了選擇，但你的選擇是他。所以結了婚後，還是要努力保有自信和競爭力，讓對方為你心動。

## 不要把天長地久當成理所當然

結婚後我們很容易覺得天長地久、愛你一輩子就是理所當然，但是抱著這樣的心態，你反而會不再用心經營彼此的關係。很多人會說：「他本來就要愛我一輩子。」但是，你做了什麼讓他死心塌地的愛你呢？

感情的長久要靠智慧和經營，並不是結了婚後，什麼都不做，感情自然會長久。也不要總是吵架、批評、責備，讓好好的感情吵散了。我覺得經營感情是一輩子的事，如果彼此都不用心，或只有一方用心，感情也不會長久。

**或許換個角度想，把婚姻生活當作是最後一天，或當作對方在你身邊的最後一天，那麼，你會更用心經營，也會覺得何必吵一些小事，心態會變得更寬容、體諒。**

如果有一天發生什麼意外，他突然離開你了，你是不是會懊悔當初為什麼要跟他嘔氣？要跟他冷戰？或許，換個角度想，你會有不同的做法。

## 抓住男人的心比抓住他的胃重要

婚後我開始愛上做料理，很多人說，抓住胃就會抓住心，但我不覺得完全如此，你真正要抓住的還是他的心才對。否則，很多女人做了一輩子家事、煮飯，另一半還是外遇，有的女人什麼都不會做，另一半卻愛她愛得要死。

女人常有一種迷思就是，覺得自己辛苦為家庭付出、犧牲自我、做了那麼多家事這麼辛苦，所以男人一定要感謝、要愛她。但其實，感情不是這樣「交換」來的，他愛不愛你，跟你做多少真的完全不相關。並不是說我們就不去付出了，而是，你的付出有價值嗎？有被珍惜嗎？你在付出的時候是快樂的嗎？還是充滿怨言？

## 幸福的女人有一種優雅的姿態

你不怕離婚，並不代表你想要離婚、準備要離婚，或一吵架就把離婚、分手掛在嘴邊，而是，你對自己有信心，照顧好自己，就算別人拋棄了你，你還是可以活得好好的。因為有這樣的認知，所以你會更懂得愛自己、尊重自己，讓自己維持在好的狀態，不失去自我、也不會虐待自己。你知道自己值得被愛、被善待，也值得有質感的感情生活。

幸福的女人都有一種迷人、優雅的姿態，她們不是依附著別

人、要別人愛她，而是相信自己有能力創造幸福的生活。她們不會沒愛會死，也不會用愛來勒索對方，而是，她們擁有愛或不愛的能力，經營感情的同時，也不忘經營好自己。

你不怕失去他，而是他比較怕失去你。而，這樣的你，才會更有魅力。

# 能「談心」的伴侶，
# 才能幸福長久

　　問許多交往久了、結婚的朋友，覺得什麼樣的感情最令人痛苦？答案除了劈腿外遇外，就是「沒話聊」了。沒話聊有多可怕？可能真正遇上了才會知道。

　　在我單身的時候，遇過很多已婚的朋友跟我說，他們跟另一半像是「室友」的關係，沒什麼話好聊，就算講話也只是講小孩，很多人也沒有共同的興趣、嗜好，生活方式也不同，婚姻似乎只是為了孩子而維繫的「親子」關係。

　　有的人因為跟另一半沒有話聊，所以下班寧可跟酒肉朋友去喝酒、去酒店、去玩樂，藉口說是為了工作，其實是逃避回到家要面對的生活。有些人在外交了男／女朋友，帶出來跟朋友吃飯的都不是真正的另一半，他們說，因為另一半沒有興趣，或推說對方要帶小孩。演變成「各玩各的（或各過各的）」，或其實只有一方在玩，另一方為家庭負責的婚姻關係。

　　當時的我，看過了很多「震撼教育」，也深深覺得，有一個只顧著自己玩樂而不顧家庭的另一半真可憐。換個角度想，要

這樣的婚姻幹什麼？（這也是我晚婚的原因，因為看過太多不幸福的婚姻真實面，讓我更不會輕易隨便結婚。）

## 夫妻關係比親子關係重要

　　許多講夫妻和親子關係的文章都提到了一個重點，就是有了孩子，還要是努力維持「夫妻關係」，而不只是「親子關係」。**如果夫妻感情不好，只是為了孩子而存在，那麼其實彼此的不快樂，孩子還是會看得出來。**如果沒有穩固的夫妻關係，就算盡了力在維繫親子關係，有一天孩子長大了、不需要照顧了，夫妻反而不知道怎麼相處。

　　所以，就算有了孩子，也不要把孩子擺在另一半之前，而忽略了另一半。很多婚姻出現問題、感情生變、有了第三者，都是因為夫妻關係已經被忽略了。（當然，愛玩或感情不忠的也是有，但是，沒有維持好夫妻關係，就算有了孩子，也不是保證。）

　　其實不只是婚姻關係，很多感情在一起久了，也會變成因為「習慣」在一起，但其實兩個人的關係如同一灘死水，就算明知道彼此興趣、生活方式不適合，還是繼續在一起，過著不斷抱怨另一半的生活。（你應該可以遇到許多人在網路上、生活中不斷抱怨另一半有多糟，但他還是不會改變、沒有改善，也不會離開，這樣的案例不勝枚舉，看久了，他不累，你都覺得

累了。）

當然，除了許多悲慘、不美好的例子，我們也會遇見一些幸福的案例。有些伴侶，到老了還是可以感情很好，一起從事喜歡的事情、享受生活，甚至老了還會談情、聊天，讓你覺得看到了會很羨慕、很窩心。

## 有共同興趣很重要

我遇過這樣的神仙眷侶，都會問他們怎麼維持這麼好的感情？通常得到的答案是，他們會持續一起去做彼此喜歡的事情（但不是為了小孩，而是彼此的興趣），他們懂得生活的情趣、維持浪漫的方法，用心經營感情。譬如我曾遇過一對感情很好的老夫妻，他們說，他們每一年結婚紀念日都要去一個地方旅行（只有夫妻，沒有帶小孩），可以一起享受兩人世界，吃著燭光晚餐牽著手，怎麼看都像是熱戀的情侶。讓人很羨慕他們到老還可以有這麼好的感情。

兩個人在一起能長久、能夠有話聊，是一件多麼美好的事！**有話聊不只是講些家庭的瑣事或生活雜事，而是，你們可以天南地北的聊，享受跟對方對話、心靈相通的感覺。**我覺得更好的說法是「談心」。

想想看，能夠「談心」的伴侶，多難得？

## 「懂」得彼此的靈魂伴侶

　　有些人交往或許看到的只是外在條件，外表、職業、世俗條件……但是不一定會重視彼此的「心靈」是不是契合，他真的懂你嗎？或是你真的願意去懂他嗎？

　　如果只是為了得到愛情，去做一個「對方喜歡的對象」，你連自己真正的心都不敢秀給對方，真實的自我都要隱藏，只為了討好對方，那麼，你更不可能真心的與對方「談心」。

　　如果你只是喜歡他的美好，不願意接受他的缺點、醜陋，甚至你也不願意把自己不美好的一面讓對方知道，彼此活在美好的謊言裡，扮演著完美伴侶的角色。那麼，你們的心也從來不會靠近對方。

　　如果你的愛只是不斷的討好對方，犧牲委屈了自己，那麼，你們的愛情只是一場交換，或是不平等的交換。他對你，根本不用心。

　　**能交心、能談心的伴侶，是一種平等、互相的關係，是懂得包容彼此，也願意分享自己一切的。**你們是「心靈伴侶」，他願意赤裸裸的告訴你他的脆弱，你也願意支持他，用心去維繫彼此的感情。

　　能夠談心，感情才能經營，幸福才能長久。

　　當有一方放棄了貼近對方的心，你們即使還在一起，但心的距離越來越遙遠，那麼你怎能保證，你們還是互相愛著對方？

## 不管在一起多久都要「用心」

曾遇過一個另一半外遇有小三，後來離婚的朋友，她總是氣憤的說小三搶了她的另一半。我很同情她的遭遇，但也問了她：「你真的還愛你老公嗎？」她楞了一下，說不出話來。她說其實好幾年來，他們早已沒有愛的感覺，但對方不應該背叛她。她懂，她爭的是道義、是不甘心（自己的付出）、是歲月，而不是對方的愛。

很多感情在變心之前，其實彼此已經「不交心」了，多年前我也曾怪過背叛我的人，但事實上，在感情變了前，我就已經不再關心他了。當我們不再「用心」交流，感情或許也在我們不注意間，悄悄的變了、走了⋯⋯

經營一段長久的感情不容易，如果你想要好好經營、長久幸福，對方是你要的人，那麼，你就要保有和對方「談心」的習慣，了解彼此的心、當彼此的港口，以及最大的支持和依靠。因為「沒話聊」的關係真的很可怕！

心與心的緊緊相連，不必黏在一起，你就懂對方的心，那樣的默契是感情裡多美好的事！能夠談心，感情才會長久，到老了還能調情，才是幸福（性福）不是嗎？

# 愛情裡最美麗的風景

以前覺得美麗的愛情是，他會牽著你的手，告訴你最美的誓言，說有一天帶你去看最美的風景。

現在才懂，最真實的愛是，在最低潮、最不美麗、最黑暗的時候，還會緊緊的，不放開你的手。

美好的東西誰不欣賞？但能欣賞你的不美好，願意跟你一起變得更好，這才是真正的愛。

快樂的人，是懂得在不完美的時候，看見人生的美好。
幸福的人，是懂得在困難的情況，看見對方的好。
值得你愛的人，是懂得在你付出時，感謝你的好。

# 好的伴侶，
# 也能當你的最佳「益友」！

　　我們常說交朋友要多交「益友」，少交「損友」，尤其是年紀越長，越覺得朋友的質感和好壞真的影響甚大。那麼，你戀愛交往的對象、共度一生的伴侶，是不是也應該是你的「益友」呢？

　　以前我覺得戀愛和交友是兩回事，但慢慢的，經歷了許多觀察發現，**如果一個伴侶是好的，那麼，他也應該會是你「最好的朋友」**。你跟朋友可以談心，那麼你的另一半也應該是你能夠談心的對象，你跟朋友相處自在、有話聊、有共同興趣，那麼跟你的另一半應該也要相處自在快樂，有共同話題和興趣。最重要的是，如果你交朋友時謹慎選擇，希望朋友是益友，能夠帶領你一起變得更好、更正面，那麼，你所要找的另一半也應該是你人生中最重要的朋友、最好的益友。

　　以前的我總是覺得朋友越多越好，來者不拒，代表自己人緣好，但是現在年紀漸長，經歷了許多，有了不同的想法。真正的朋友越簡單、越精簡，越少越好，質比量重要，畢竟人生短

暫,你沒多少時間可以跟朋友往來,那麼,愼選眞心又有質感的好友,才是長久。而且,不必勉強自己,也不用迎合別人,在一起舒服自在,無須猜疑用心眼的朋友,才是眞友誼。

從前我也不覺得男朋友會是我的朋友。談戀愛和交友本來就不同啊!很妙的是,**我們會找跟我們有同樣特質、相似的人當朋友,卻會找跟我們不同、相反的人談戀愛。**

## 「有話聊」的感情生活才不會無聊

慢慢的我發現,如果你找的伴侶除了愛情激情之外,沒有辦法像朋友一樣相處,就像是可以相愛卻無法相處。你跟朋友可以無話不談,但跟另一半卻沒話好說或無法坦誠,這樣的關係也不會長久。很多人說,跟對方交往久了,不僅沒話聊,想法不同,生活習慣也不一樣,兩個人在一起不知道爲了什麼。因誤會而交往,因了解而分開。

也有的人在伴侶前無法做「眞正的自己」,但是在朋友面前可以。這不是一件很奇怪的事嗎?我也曾有過這樣的感受,那時以爲自己是太愛、太在乎對方,以致於不敢讓他不開心,所以壓抑了眞正的自我,不敢表達內心,怕對方討厭自己。但是,這樣的感情註定會失敗。因爲無法接受眞正的你,無法讓你做眞正的自己,就無法擁有眞實的愛。

因爲一段感情要長久,你的伴侶必須具備「好朋友」的特

質，不只是好朋友，而是真正的「益友」。所謂的「友直、友諒、友多聞」，益友是可以給你正面的影響力，陪伴你走過負面情緒，可以良藥苦口的給你建議（即使為了你好而被你討厭），能雪中送炭，不只是一起同甘，也能共苦，可以讓你變得更好、眼界更寬廣，不管發生什麼事一定挺你到底，站在你身邊。他希望你更好，但他不會嫉妒你，會給你最真摯的掌聲。

這樣的益友，人生中或許只能遇到幾個，但是，如果你的另一半也是你的「益友」，那不是更好嗎？

## 「品行」是益友最重要的條件

我覺得另一半能夠成為你的「益友」，最重要的條件（當然除了愛你之外）就是他的「品行」。這麼說來或許有人會覺得是不是太嚴肅了，但其實過去我從來不覺得找伴侶時，「品行」會是最重要的考量。但是久了後，你會發現，伴侶、朋友之間都會互相影響，也就是「近朱者赤，近墨者黑」的道理，品行不佳的人，慢慢的各方面都會出現問題，甚至影響、拖累了你。所以說，**一個人的條件再好，如果他的本質、品行不好，你也不要只因為他的條件而在一起**。看過太多空有條件，卻人品不佳的人，最後都可能讓你受傷或兩敗俱傷。

我常跟朋友笑說，我的最佳「益友」就是我的另一半。我

曾見識過不少各方面條件優異的人,但是最後我覺得要走一生的伴侶,至少要讓我打從心裡尊敬他、認同他、信任他,所以對方的人品是最重要的。人品、本質、品德不佳的人,即便他現在有多愛你,條件多好,但是他還是會回歸他的本性,會感情不忠、沒道德感、對父母不孝、自私自利,甚至做出傷害別人、違法、走偏掉……等等行為。所以不要短視近利,而是要看長期。一個人的心正不正,比他現在說多愛你還重要。

所以你會發現,有的人談了戀愛就退步了。變憔悴、生活失衡……有的人談了戀愛就變得更好看、快樂、積極、變得更好,其實,伴侶的影響力真的很大。你跟什麼樣的人在一起,你就會變成什麼樣子。幸福不只寫在臉上,你的狀態也是相由心生。

## 好的伴侶會讓你成為更好的人

很多人說,我婚後改變了不少,變得比以前好,其實我的「益友」對我幫助很多,他教導我要更努力認真、低調謙卑、有禮貌、多替人著想,要讓自己更進步……讓我受益良多,我深深的覺得,另一半可以當你的良師益友,讓你變得更好,這樣的感情才是有營養的。

你應該找一個除了愛你之外,還能當你的益友、人生導師的人在一起,一段好的、健康的關係,會讓你們彼此變得更好、

更自信、更快樂，會帶領你走向更好的方向。好的伴侶會是你的最佳「益友」，也會是你的最佳「隊友」。你們彼此都願意為對方，成為更好的人。

　　可以當愛人，又可以當朋友。彼此懂對方的心、無話不聊，可以相愛，又可以一起生活，我想這就是最美好的關係吧！

# 兩人在一起，
# 不要要求「公平」，而是「互相」

　　常會聽到很多人抱怨跟另一半相處，自己做了多少，對方卻少做、不做什麼而感到忿忿不平，甚至生氣。我常在想，其實感情本身就不是一件公平的事，要去計較完全的公平，實在也很無趣。所謂的公平是不能計算的。

　　就像是很多人在討論約會是不是應該平均分擔費用，我覺得如果是都還在拿零用錢的學生，或剛出社會，彼此經濟狀況都還不太穩定，在一起平均分擔是比較合理的。

　　但如果都已經工作很多年，年紀也不小了，其實交往並不會算得那麼清楚，難道吃飯每次都要 go dutch 算到個位數嗎？還是買一杯飲料要一人付一半的錢嗎？甚至，買保險套都要一人出一半錢嗎？（這樣可以舉的例子實在太多）其實是「量力而為」就好，真的愛你的人不會跟你計較太多，也不會捨得你為他付出太多。

　　有多少能力做多少事，不要去勉強自己、勉強對方就好。感情本就是「互相」，彼此各有付出，有往有來，這樣就好。並

不是什麼事情都可以量化去計算。

## 別計較了，沒有真正的公平

但是，很多人在一起久了後，會變得越來越計較「公平」這件事，可能是過了感情蜜月期，兩人相處久了、結婚了，如果自己付出的比較多，覺得對方總是做不到自己的要求，或做得不夠，就會不開心，覺得自己「吃虧」了。

譬如說，有的人結婚後會抱怨自己總是有做不完的家事，總是自己處理大小事而感到不滿。根據我觀察了許多長輩幾十年的婚姻，我的結論是，如果你總是要攬下來做那些家事，總是要扛起一肩的責任，那麼，未來的幾十年，那就是你的責任。

也就是說，當初你要做的，對方就覺得是你願意、你擅長做，如果你又不懂得「放手」或讓對方去承擔責任，總是覺得「他一定做得不好，不如我自己做」，那麼，以後就都是你做。

其實，培養出一個無能的另一半，是因為你太能幹了，你做了太多又不讓他做。那麼，你只好自己做到死，別人都覺得是你的責任。所以，**在交往、結婚前期，你就要懂得聰明的做「責任分工」，你想做什麼、不做什麼，都要說清楚，不想做、不能做就要「外包」**。而不是結了婚後，自己悶了半天，最後別人不體諒、不幫忙，你做到死、累到死，當然會不快樂。

## 追求「公平」只會讓你更不快樂

當感情好的時候，你不會去計較公平，因為你樂於付出，對方也是。但是，當你們感情不好的時候，你們就會去計較「不公平」，誰多做了、誰少做了。你的付出也不再是當初那個「不計代價」的自己，也不是「不求回報」的愛情。

**冷靜想想，「不求回報」其實只是短暫的愛情蜜月期，在一起久了，如果付出都沒有回報，你絕對會受不了。**「不求回報」的愛通常只在親情上，在愛情裡，沒有回報只會讓你越來越失望，只有單一付出的感情也不是健康的關係。

其實，兩個人要長久在一起，根本沒有所謂的「公平」，因為每個人付出的不一樣，能力也不相同，真的要去計較，是計較不完的。追求絕對的「公平」只會讓你們更不快樂。

我覺得與其追求公平，不如換個角度想，感情是「互相」的。兩個人都互相有付出，付出的東西可能不一樣，有人付出比較多時間、或金錢、或勞力……誰專長什麼，就去付出什麼，或許這樣想會比較開心。

當然，如果感情只有單方面付出是不成立，也不會長久的。但是，如果能放下心中那一把絕對要公平的尺，你一定會過得比較快樂。

## 不懂得付出的人，不值得你去付出

　　但還是會有人問：「如果總是我付出比較多，怎麼辦？」那麼，你更要好好的問自己，你愛他什麼？愛他哪一點？

　　如果他是不懂得付出的人，譬如說，不懂得計畫你們的節日、不會討你開心、不會做家事，那麼，你就好好的去「培養」他成為你的理想伴侶，而不是只抱怨他不夠好。（不然，你就不要愛他，或換一個人愛。）

　　我們的生活中充滿了太多抱怨的人，但是，抱怨可以解決問題嗎？抱怨可以讓對方更愛你、為你付出更多嗎？並不會。「抱怨」只會讓你們更痛苦，讓你更不快樂。如果你希望對方為你多付出一點、多愛你一些，你更該做的，是你先付出一些，釋出善意，然後，讓他懂得你要的是什麼。因為，並不是你悶著頭努力付出，對方就懂你要的是什麼。

## 默默付出，並不是不要求回報

　　你希望他怎麼做，與其暗示，自己猜半天不開心，不如好好的告訴他你的需求。你付出，想要對方也有回應，就不要去扮演一個假裝自己什麼都不要，其實卻「口是心非」，心裡很痛苦的人。想要什麼，你就要讓對方知道，而不是自己悶在心裡不開心，對方也猜不到你的需求啊！

你希望付出可以得到對方的回報，你希望你們彼此都能為感情做努力，不要只有你孤軍奮戰，就要明確的讓對方知道。（當然，要用一種對方可以接受、好的溝通方式讓他知道。）

現在已經不是那種「默默付出」還要假裝自己不求回報的時代了。你願意付出，也要找一個會對你付出，懂得珍惜、感謝你付出的人。不是嗎？

**不要去跟對方要「公平」，因為感情裡本身就沒有絕對的公平，而是，你要懂得「互相」的藝術。**不管是誰先付出，另一方也懂得回報，就算只是一句「謝謝」，一聲「辛苦了」，這都是讓人感到貼心的舉動。

感情最美好的狀態是「互相」，而不是計較誰愛誰多一點，誰付出比較多。懂得「互相」的人，才會是最好的伴侶。

# 經營感情，
# 要記得常對另一半說
# 「讚美、感謝、道歉」

　　我發現很多人在一起久了，對另一半說話的態度就會變得很隨便、不尊重，甚至講話變得不客氣，總是批評、抱怨、怒吼對方，跟當初你們剛交往時判若兩人。

　　他們會覺得，既然都是老夫老妻，在一起那麼久了，講話也不用在意，也覺得對方應該要接受自己的壞脾氣、任性不講理，因為在一起久了就可以隨意發洩情緒，就可以不顧對方感受嗎？

　　因為結婚了，所以對方就「理所當然」要接受不美好的自己，就不必小心翼翼的顧慮對方想法，我們就可以隨意的把醜陋的一面統統展現給對方嗎？

　　很多人會問，在這個離婚率高，感情又不容易維持的年代，要怎麼「經營」感情？我自己覺得最基本的是，你對你的另一半還是要有「禮貌」。

## 對你愛的人要更有禮貌

我曾在文章裡寫過，許多人會對外人彬彬有禮，但是對自己的愛人、家人卻毫不客氣，對外人很包容，但是對家人卻斤斤計較，甚至很多人是只對外人好，對自己的家人卻很差的情況。這樣想來真的很奇怪，如果對我們來說，最重要的是你的家人、你的另一半，那麼，我們不是該對他們更好嗎？如果你對你愛的人不好，卻對那些不重要的人有禮貌又客氣，怎麼想都是很不合理的。

我們常會有個迷思是，認為愛我們的人就要無條件的包容、接受我們，這句話似乎沒有錯，但是，我不認為愛是「無條件」的，這樣的想法本身就是很「自私」的事。

如果仗勢他們愛我們，所以可以任意的對他們不好，這樣對你愛的人來說一點也不公平啊！更何況，你真的認為他一定會永遠接受、忍受嗎？

當然，愛一個人就要接受他的缺點，但不代表，我們就不斷的用自己的缺點去傷害別人，有人會說：「我就是脾氣差。」然後傷害對方。有人會說：「我心地善良，但就是嘴巴賤。」所以總是說那些刺耳的話傷人……我認為這都是「自私」。

如果你明知道自己有什麼缺點、哪裡不好，你就要改，**讓自己變得更好、更可愛、更值得被愛，而不是覺得別人都要包容你的缺點到永遠。**

## 學會真心的讚美另一半

經營感情最基本的是，要懂得跟對方說「讚美、感謝、道歉」，很多人覺得既然在一起久了，有沒有說出來應該都沒差吧！其實，真的有差，而且差很多！

我常舉例，每次我在忙著做家事、洗碗的時候，總會覺得辛苦煩躁，我的另一半都會跟我說：「老婆，辛苦了！」聽到的當下，我的心情馬上變好，洗碗也洗得更開心了！

你很難想像一句話的威力和帶給你的心情轉變。下一次試試看，**多多讚美對方，把你覺得他的好說出來，不要害羞，也不要放在心裡，因為你沒說出來，你不懂對方聽到了會多窩心。**

## 在外稱讚你的另一半

真心的讚美另一半，讓他知道他是值得的、是被愛的，更重要的是，你要懂得在公開場合和親朋好友面前讚美他。讓他感受到自己是這麼被你重視！

如果你看到對方對你付出，你一定要說出感謝，告訴他你有多謝謝他的好。我常跟我的另一半說謝謝，即使只是他幫我買個麵包、幫我泡一杯咖啡，無論多小的小事，我都會開心的跟他說謝謝。不只是在簡訊裡說，嘴巴上也要說出來。

親愛的，你不說出來，他不會知道。不要吝於說出讚美和感

謝（當然這要是眞心的），**對你來說只是說一句話，但對他來說，卻是心裡滿滿的快樂。那麼，你爲什麼要吝嗇說出來？**

我覺得懂得在外稱讚另一半，在外感謝另一半的人，是最有智慧的伴侶。

## 口氣好一點，感情好一點

除了讚美和感謝外，當然，如果他有什麼缺點或做得不夠好的地方，你也要先肯定他的付出，再有智慧的告訴他「你希望他能做得更好的地方」，不要總是否定、批評和抱怨，最後只會換來爭吵和關係的毀滅、惡性循環。而是，你要懂得用「好一點的口氣」說出口，不要說氣話、傷人的話或人身攻擊。你要肯定他的付出，然後再告訴他，你希望他能更好。

因爲，沒有人喜歡總是被否定，如果你連一點肯定都不給他，他眞的那麼差勁，一點優點也沒有，那你又何必跟他在一起？換個角度想，我們自己也不完美，不是嗎？

## 先道歉，是比較懂得珍惜感情的人

最後，最難說的應該是「道歉」吧！很多人在感情裡有爭執、不愉快，都會很難拉得下臉來說一聲對不起。

與其放在心裡不開心、冷戰，或裝沒事，就是不願意說一聲

sorry，真的是令人很難理解的事。說抱歉不一定代表你就是錯的，或你輸了，而是，你願意珍惜感情。

**兩個人吵架，願意先低頭的，是比較願意珍惜感情的人。願意先讓對方的，也是比較在乎感情的人。**

我覺得能夠經營幸福婚姻的人，通常他們的身段都比較低，也比較願意讓對方，當然，這一定是互相。但如果總是要端著架子、脾氣很大，又總是要人讓他，最後一定會是最孤獨的人。因為，沒有人可以忍受一輩子的。

## 你有「豆腐心」又為何要有「刀子口」呢？

我們常形容一個人「刀子口，豆腐心」，或說「他心腸很好，只是嘴巴壞了點」，或「他只是講話難聽，其實並沒有惡意」……我們常去包容，因為他是我們的朋友家人愛人，但是，換個角度想，如果你心地善良、沒有惡意，你愛他、重視他，又為何要用言語傷害他？

只是因為他們會包容，所以就無所謂了嗎？很多時候，人們總是會對外人很好、很客氣，但是對自己親近的人，反而就特別不客氣。這樣想，不覺得很弔詭？而總是把別人的包容當作理所當然，甚至常說「我個性就是這樣」。任性的用刀子口傷著別人的豆腐心，你的「沒有惡意」其實對別人來說已是傷害。我曾寫過：「做自己，並不是要去傷害別人。」人越成

長，應該要學會更體諒別人感受，時間久了你會發現，刀子口讓你吃了不少虧，也讓你傷了不少人，最後讓你得到了什麼？

當你理所當然覺得別人該包容，你有想過，當別人這樣對你，你也能接受嗎？有智慧的人知道不需要在言語上爭輸贏，**有修養的人懂得說出口的話先經過三思，有福氣的人了解不需要傷人傷己過一生。學會收起「刀子口」，你才會更幸福！**

擁有一段感情或許不難，但能經營一段長久幸福的感情，靠的是你的智慧。最簡單的三件事，把「讚美、感謝、道歉」說出口吧！

愛要「說」出來、要告訴對方，他才會知道，也不要用言語傷人。心裡有多愛他，嘴巴上也要說出來喔！

# 我願意為你成為更好的人

有時候，我們戀愛時想的總是：「你愛我嗎？」「你願意對我更好嗎？」「你可以改變嗎？」「你為什麼不能⋯⋯」

我們總是用「你」開頭，作為愛不愛的證明，把幸福寄託在對方的表現上。但是，要求別人的同時，我們自己做了什麼？要求愛情的時候，我們又付出多少愛？

或許，有人還是覺得付出少一點的比較好命，被愛多一點比較幸福，對方為我們做多一點，才代表他夠愛我們。

現在的我，覺得更成熟的愛是：「我願意為你成為更好的人。」

把「你」改成「我」，你會發現，你要的幸福快樂，很多不是外求，而是，你自己能付出、能經營。然後，你才會得到更多。

一個對的人、一段好的感情，會讓你帶著笑容，願意努力，心甘情願，讓自己變得更好，成為一個更好的伴侶。

你會改進自己的缺點，而不是任性的要對方忍受，你會懂得體諒對方的感受，不當個自私的人。你會樂於辛苦，只希望對方開心。你懂得放下一些自我，願意為了對方，成為更好的人。

我們越成熟，越要讓自己有所成長，比過去更好。

但，最重要的是，不管有沒有愛情，你都要成為更好的自己。不是嗎？這才是你對自己的責任。

# 不抱怨的幸福：
# 不要批評你的另一半

常會遇到有人問我：「沒看你抱怨過什麼，真的很佩服！」「你好像都沒有抱怨過你的另一半，結了婚後要怎麼維持這樣樂觀的心情？」「你的文章都沒有抱怨、批評過什麼，難道你沒有什麼怨言要抒發嗎？」

很多人對於我每天看起來笑嘻嘻的，好像沒什麼事情可以讓我生氣或煩躁的樣子，都會跑來問我「快樂的祕訣」，我的朋友也覺得我看起來是個「好好小姐」，也不太會生氣或暴怒，覺得很不可思議。

甚至很多人以為我結婚後，一定就會開始抱怨婚姻生活（因為很多結了婚的人常會抱怨另一半或他的家人），但是我也從沒有過。

常被這樣問，我自己也覺得有趣。其實並不是我總是這麼「好心情」，而是我覺得隨著年紀大了，自己的EQ和修養都變得比年輕時好太多，以前的我，大概也是個常會抓狂的人吧，脾氣也沒有現在好。

## 抱怨也是一種吸引力法則

在這些年來，我學習到的是，人要懂得讓自己快樂，而不是把快樂寄託在別人身上，或任意的讓別人影響、控制你的情緒。當你成為自己情緒的主人時，自然沒有什麼事情可以輕易影響你。

而且，我發現這也是一種「吸引力法則」，**越喜歡抱怨的人，就會吸引更多讓他抱怨的事**（或總是看見讓他想抱怨的事）。但是當你心胸越開闊、越平靜，多欣賞讓你快樂的事情，漸漸的，你的世界也都會充滿美好的事情。

認真想想，當你不斷的抱怨、批評時，你所吸引到的通常也都是那些讓你更加抱怨、批評的事，這是一種惡性循環、鬼打牆。就像你總覺得自己一天到晚都遇到小人，你遇到的人就常會是小人。所以，你想要多遇到貴人，就要先當起別人的貴人。人會遇到什麼人，這都是互相吸引的。

有時候你不得不相信，自己的「氣場」會吸引到跟你相似的人事物。你越討厭的事情，你就越會注意、執著於它，到最後，不快樂的還是自己啊！

## 不要把自己推離你要的幸福

就像跟另一半相處，如果你真的要挑剔，你可以找到他的很

多缺點、看不順眼的地方，他沒有一刻讓你滿意，你就可以雞蛋裡挑骨頭。但是，這樣你會快樂嗎？他會快樂嗎？並不會，如果你沒有要離開他、跟他離婚，他也沒有壞到外遇劈腿，還是家暴對你不好這些大問題，那麼，日子總是要過下去，選擇一個讓自己和對方快樂的方法相處，才能得到你要的幸福。

因為，你要的終究不就是幸福快樂嗎？但你所做的事情，只是把自己推離幸福快樂更遠罷了。

更何況，我們總是看別人不順眼，但其實自己也不完美啊！總是要對方凡事都配合自己、符合自己的期待，那是一種自私。兩個人在一起本來就要互相協調、配合，你能大聲的嫌對方，是因為對方比較願意容忍你。

換個角度想，他也可以不要忍受。因為，沒有人會喜歡被對方嫌棄、貶低的。

## 要嫌就不要愛，要愛就不要嫌

如果要嫌就不要愛，要愛就不要嫌。再怎麼樣，伴侶也是自己找的，沒有人逼你，如果你真的選擇錯誤、真的不適合，可以放手。如果你覺得他就是要的人，那麼，你更應該好好的珍惜才是。不要有一天對方不愛你了，你才後悔。

因為，願意容忍你的、吵架願意先道歉，先讓你一步的，都是比較願意珍惜感情的人。因為珍惜，才不去計較，因為愛

你，才願意被你欺負。

雖然很不想歸咎到星座，哈！但是我是魔羯座，思想上比較務實一些，很多事情我會想到「結果」，也就是「我要什麼結果」，再從結果來決定自己應該怎麼做。（會想得比較遠。）

## 我要成為「對的自己」

我常笑說自己婚後脾氣變好了，其實我以前也是個脾氣很衝、個性不太好搞的人，一生起氣來真的會翻桌。但是久了後，我也變得討厭起自己，不喜歡自己變瘋婆子，失去理性，為了小事抓狂，為了不值得的人失去自己格調，也討厭自己變成最不喜歡的那一種女人。

後來我發現，如果要擁有幸福，不只是要去找「對的人」，自己的個性也要修練，也要變成一個「對的自己」，才配得起我心目中的「對的人」。

也或許年紀長了，婚後我反而覺得天底下沒什麼重要的事情值得我生氣。兩人生活上難免有摩擦，誰在一起不會有摩擦呢？但是，我在想要罵人、唸人前，學會先冷靜三秒鐘。有時候三秒鐘過了，就覺得也沒必要為這麼不重要的事情大怒。

很多時候，想不想吵架是你自己可以決定的。只要看什麼事情不順眼，隨時都可以吵，譬如對方忘了關燈、東西沒有放好……要吵架，真的吵不完的。但是，婚姻這麼長，你真的要

這樣吵一輩子嗎？這樣不是很累？

我覺得，冷靜三秒鐘後，你要好好的想，你現在是要解決問題，還是發洩情緒？

## 成熟的人，懂得控制自己情緒，
## 不成熟的人，被情緒控制

很多人說，有脾氣當下沒有發洩出來就不開心。但是發洩了，有解決問題嗎？還是讓問題更嚴重、更難解？那麼，事後想想，當下有發洩情緒的必要嗎？對我來說，解決問題比發洩情緒重要。

如果說，我希望另一半對我更好、更愛我，這是我要的結果，那麼我要做的事情就是對他更好、讓他更愛我。但如果我又要他對我好、要他愛我，但我總是對他責怪、批評，講一些難聽的話，他只會更討厭我、逃離我，於是我又更責怪他，這不就是一個自找的惡性循環嗎？

放到感情的經營也是，就像我寫過：「對另一半，你要更有禮貌。」「多看對方的優點，少看對方的缺點。」很多人總是期待另一半怎麼對待他，但是，他沒想過自己也要讓對方有一樣的感受，你要什麼收穫，當然要怎麼付出。而不是要對方對你好，但是你總是對他兇、對他不滿，這樣不平衡的關係，終究不會是幸福。

## 不要成為愛情裡的「酸民」

想想看，如果你遇到了總是喜歡抱怨、批評、挑剔的另一半，總是對你很多不滿，你在這段感情裡會快樂嗎？你會更想付出嗎？你會想對他更好嗎？換個角度想，你就知道對方的感受了。

更何況，我們都不喜歡別人用批評、否定、嘲笑、指責的方式去讓我們屈服，如果我們當下順從，但心裡也不會快樂。將心比心，換個角度想，我們也不要用這種負面的方式去達到目的。或許一時之間可以達到，但久了後，對方也會累，也會想要逃離。

很多人說，要忍住自己的脾氣、當下的怒氣很難，如果有脾氣沒發洩、罵人的話沒講出來，就會不開心。當然，你可以繼續任性的「做自己」，但是，你只會離你要的幸福和快樂越來越遠。

這也是我現在學習到的，**你要另一半怎麼對待你，就要怎麼去對他。這是一種互相、平等的關係。**

如果你希望伴侶改善什麼缺點，或許你要改變自己溝通的方式，用鼓勵、讚美，循循善誘的方式讓他變得更好，而不是打擊他的信心和自尊心。用否定的方式，對方只會更不想改變，對你們的關係也沒幫助啊！

## 越抱怨，越不幸福

我發現，當人越抱怨，就會讓自己越不幸福，因為你只注意到想抱怨的事情。反之，越不抱怨，越會吸引幸福。因為他們更懂得多看伴侶的好。

**換個角度想，有一個人可以讓你抱怨、忍受你的壞脾氣，還對你不離不棄，已經是天大的幸福了，更應該好好珍惜啊！**如果對方真的太差，你可以選擇放手，而不要又愛又要唸。

經營幸福並不難，只要少抱怨，多珍惜。多讚美，少批評。

# 幸福的哲學：
# 不要太挑剔

不挑剔，對另一半不要太挑剔，對自己也不要太挑剔。

曾在訪談中問吳淡如姊，經營幸福的祕訣是什麼。她說：「不要太挑剔。」眞的一語中的，我忍不住連連點頭。

想一想，很多人眞的挑剔對方幾十年，但他不會改就是不會改，除非你要換伴侶或你受不了離開。不然你不改變、他不改變，挑剔彼此，不開心還要在一起，那又何苦？

譬如說，我媽有時會跟我們唸我爸不做家事。聽久了，我也會虧我媽：「你們結婚四十年了，他以前不會改，現在怎麼會改呢？唸也沒用啊！況且，爸有很多優點，多看看他的優點就好啦！」我媽聽了也覺得對，後來就不會再去挑剔我爸了。

婚姻裡很多事情，你希望對方怎麼做，譬如做家事好了，你一開始結婚就要做好家務的責任分工，你希望他做什麼，一開始就講清楚，而不是自己悶著頭忍耐，做得要死，心裡又累積不滿。那麼，爲什麼不把你想要對方爲你做什麼，在一開始就講清楚呢？

像我剛結婚時，就已經和另一半大致分配了彼此要做哪些家務，各自做各自擅長的，這樣就不會累積不愉快。

## 人非完美，不要用高標準去要求他

許多人容易覺得不幸福，因為幸福被他挑剔光了。其實人非完美，如果他沒有大毛病是不可原諒，那麼，誰又沒有小毛病？誰無缺點呢？我們自己也不完美啊！

我曾在文章裡寫過：「**結婚前要多看缺點，結婚後要多看優點。**」所以，找對象前要「挑」，但在一起後就不要「太挑」（千萬不要反過來啊）。畢竟伴侶是你自己挑選的，批評對方有多差，也表示自己眼光有多糟。

如果他有你要的，最重要的優點（譬如說顧家、忠誠……）那麼他有些你覺得不是那麼重要的缺點（譬如說不浪漫、不貼心……就試著去接受，或慢慢的影響他、訓練他，成為一個更好的另一半。而不是一直否定他、挑剔他的缺點。

## 嘴巴壞，也會讓自己的好命變壞

有些女人本來遇到的是好男人，但是因為嘴巴太壞，總是說話尖酸刻薄、得理不饒人，處處刁難對方，結果好好的一段感情被自己毀了還不知道。

我不是很能接受女生在公開場合或網路上、朋友面前罵自己的另一半給別人看，我覺得既然在一起，給對方「面子」很重要（你也希望他給你面子吧），總是在外挑剔對方，不只讓他沒面子，你自己也難看。

批評他差，又要在一起的是你。告訴大家他有多爛，但是不離開的也是你。何必？

有人問：「如果有無法忍受的缺點呢？」我會問：「你喜歡他什麼？」如果他的優點是你要的，那你就接受他的缺點（或試著忽略）。

**既然無法改變一個人，那你就改變自己的心態，或改變自己的選擇。**

## 不要挑剔自己、否定自己

另一方面，對待自己也不要太挑剔，總是嫌自己不好、給自己高標準，或對自己很差。

如果你對自己差，對方是不會對你好的！

很多女人會用否定自己、討厭自己的語氣來對別人形容她自己，總是不斷嫌棄自己的結果，只會讓自己更沒自信。而且別人也會覺得聽得很厭煩。

愛情就像一面鏡子，對方怎麼對你，其實就是你怎麼對自己。你不尊重自己，他必然不尊重你，你委屈自己，他就糟蹋

你。你覺得自己不值得，你就讓對方覺得你不值得。

「不要太挑剔」不代表要隨便、沒有原則……而是，當你遇到了你覺得是「對」的人，就不要總用高標準、你自己訂的標準去要求對方。

**沒有一個人是為你量身打造的，也沒有人活著是為了討好你、配合你的，快樂的關係是懂得讓對方、懂得互相。**

## 要做就不要唸，要唸就不要做

我單身時曾聽過已婚朋友分享一句話，我覺得很實用：「要做就不要唸，要唸就不要做。」

我也一直很怕自己有一天會成為整天不斷碎碎唸的黃臉婆，所以每當想唸的時候，就想到這句話。其實，快不快樂是自己的心態，你可以處處看人不順眼，也可以多看一些好的地方。愛挑剔的人，總有挑不完的地方，想一想，這樣多麼不可愛啊？不要讓自己變成那麼不可愛的人。

其實就是自己的心態調整，要付出就甘願做、快樂做，不想做就不要勉強自己又要唸別人。

我絕對不會勉強自己做不喜歡的事，這樣我才不會有想要唸的念頭。但如果不那麼想做，又不得不做呢？我就會說服自己：「我是為了家的美好生活而努力！」「我想讓身邊的人更舒適、更快樂。」「我想讓我愛的人覺得跟我在一起很幸

福！」我會用比較正面的方法去找到做事情的能量。這樣自己快樂，也不用把負面情緒帶給別人。

其實，擁有比較快樂、正面的心態，不管做什麼事，都會比較開心。不是嗎？如果每天對另一半轟炸負能量，只會離自己要的幸福更遠。做人不要太挑剔，先讓自己快樂，你才能擁有幸福快樂。

# 好的感情,
# 是兩個人一起往好的方向前進

你和伴侶步伐一致嗎?你們是一起進步,還是退步?和他在一起,你覺得自己變得更好了嗎?你們是「一起」前進,還是只有你自己在努力?

和已婚的女生朋友聊天,她聊到婚後兩人步調不同的苦,一個努力向上,一個只求安逸。步調不同,連價值觀也不一樣,無法共同前進。

有的人對感情和未來的想法不同,拖著停在原地,明知道必定分開,卻得過且過。有的人遇上了只會耗損他、消耗他的伴侶,談了感情卻越來越討厭自己。也有人跟著明知不適合的對象在一起,彼此不開心,卻不甘心分離。

這讓我想到很多人分開的理由往往是因 「了解」而分開。如果談了愛情讓你更不快樂、更不喜歡自己，那為何要愛？這真的是愛嗎？

一段好的感情，是一種正向的影響力。你們會互相磨合，找到相處的訣竅，改進修正自己，學習對方的優點，然後，一起變得更好。

譬如，脾氣不好的人，學會溫柔；自私的人，學會付出；懶惰的人，變得勤奮；被動的人，變得積極……

我說，我從另一半的身上學會了細心、付出、體貼、有禮、謙卑、孝順、感恩，還有珍惜自己。謝謝他，讓我努力成為更好的人。

如果你問我，什麼是好的感情，我想，就是一個願意支持你，讓你變得更好，和你一起變好，然後願意跟你一起變老的人吧！

Part6

# 女性的人際關係

別讓人際關係成為你的不幸福來源

# 努力做一個成熟且溫暖的人

年輕時勇於批評、說出不滿，我們喜歡自己的率真。
年長了懂得體諒、設身處地，我們找到自己的同理心。
而今學會尊重差異、不出惡言，我們欣賞自己的成熟。

我們依然保有內心的率真，但多了同理心。說出話前先想想會
不會傷害人，忍住不胡亂批評、不道人是非。尊重別人有與我
們不同的權利，不隨意將自己的價值觀放到他人身上。

努力做一個成熟且溫暖的人，才不枉你活過的年歲。

# 學習做個「理直氣和」的人

「理直氣壯」是直率，「理直氣和」是智慧。

現在很多人容易有「易怒體質」，在網路上常會跟別人吵架、罵人，或當「正義魔人」去找別人麻煩，甚至搞不清楚狀況和是非對錯，就去怒罵他人。見到太多不必要的紛爭，有時想想，**得理饒人真的有這麼難嗎**？

許多人喜歡爭輸贏、爭對錯，或用怒罵、大聲來顯示自己是正義、占上風的一方，凡事要拚到兩敗俱傷，但最後，你得到了什麼結果？你快樂嗎？

尤其是對你身邊的人、你愛的人，想要吵贏、鬥贏他，但，最後是不是也傷了感情、傷了對方自尊，後果更難收拾？最後真的贏了嗎？

## 指責別人就是正義嗎？

常看有些人會打著正義的名義，咄咄逼人，因為別人犯了一點小錯、冒犯了他，就不放過別人，一定要逼死對方才肯。這

樣的正義，或許已經不是真正的正義。

每個人都會犯錯，有些人冒犯了你，並不一定是故意的。人與人相處，難免會踩到地雷或做錯了什麼，其實我們自己也會犯錯啊！如果不太嚴重的話，適時的原諒別人，退一步，給別人一些情面，不也很好？

年輕的時候，我們做人做事比較不太會想到結果，凡事先想自我。明明很在乎的人，卻用言語傷害他。**我們太重視自尊，卻沒想過別人也需要尊嚴。我們不喜歡別人用他的價值觀來評量自己，卻往往也用同樣的方式對人。**

年長一些，你會懂，自己真正要的是什麼。你會想，兩敗俱傷是我要的目的嗎？傷害我愛的人，是我想要的嗎？罵贏了別人，對我有什麼好處？

如果對方只是陌生人、不重要的人，我們有必要為了他浪費生命、甚至賠上自己更重要的東西嗎？如果對方是很重要、你很愛的人，你又為什麼要讓彼此傷痕累累？

## 學會尊重別人的不同

其實，每個人都不同，你不用強迫別人要符合你的想法。他有他的生活方式，你也可以遠離或忽視那些你不欣賞的人。你可以不欣賞，但不代表你就要去批評、或找人跟你一起罵別人。

我們都需要別人尊重，相對來說，我們也要懂得尊重別人。

**尊重別人與你的不同，接納別人有跟你不一樣的想法，不為了反對而反對，這是一種成熟的表現。**更何況，只要他人沒有傷害別人、沒有礙到你，他要做什麼，那不也是他的自由嗎？

## 不需要貶低別人來證明自己比較優秀

有的人喜歡用貶低別人的方式，來證明自己比較好、比較優秀。其實在他人看來，這是一件非常幼稚的行為。因為如果你真的優秀，那又何須去證明別人比你差？

我自己很不喜歡跟那種喜歡到處貶低、瞧不起別人的人來往，他們的眼睛長在頭頂上，喜歡在背後說別人是非，我覺得這種管不好嘴巴的人，跟他們做朋友實在是一件很危險的事。今天他在背後說別人壞話，難保他下次不會在別人面前說你。他可以輕易出賣朋友，未來會不會也出賣你？

我也不喜歡跟無法控制自己情緒的人來往，簡單來說就是EQ很低，年紀一把了，還像年輕人一樣管不住自己的情緒和個性。他們暴躁易怒，沒有禮貌，總是想處處逞強，講話不經過大腦。

人與人相處，其實你可以觀察得出來一個人的品味、人品，從他說話的方式、評論別人的態度，還有最重要的是他的「口德」，一個沒有口德的人，是不值得你信任的。

處處貶低別人的人，並不是他們比別人優秀，而是他們沒有

自信，才想要證明自己比較好。而真正優秀、有內涵的人，並不用去說什麼、做什麼，不需要去嘲笑別人、或在別人傷口灑鹽，因為他們的快樂不是來自於傷害別人。

## 「理直氣和」是一種修養

做一個受人尊敬、讓人認同的人，並不一定要氣壯，而是氣和。有理的人，不需要去做不講理的人。優秀的人，不需要去貶低別人。在感情上，成熟的人爭的不是輸贏，而是雙贏。

一個有修養的人，不會喜歡跟人爭，而是不爭。他們願意讓人，願意先示好，因為他們知道生活中還有更多重要的、快樂的事情，更值得他們去在意。而那些意氣之爭，真的一點也不重要。

你常可以在新聞裡看到很多的社會糾紛，或許都不是什麼大事件，但是因為彼此都僵持不下、非要爭個你死我活，最後都變成了難以挽回的悲劇。事後想想，是不是很不值得呢？

你會發現很多事情都只是庸人自擾。不要拿別人的愚蠢來懲罰自己，不要拿別人犯的錯來氣死自己。

## 遠離好爭善鬥之人

老實說，我找對象、交朋友，都很避免這些「愛爭」的人，

因為他們太容易製造麻煩，甚至找你的麻煩。跟他們在一起，你也會被影響，變成愛爭好鬥的人，整個人的氣質、氣場都會變差，生活好像都是一堆爭來爭去、罵來罵去的事情，跟他們相處好像烏雲罩頂，沒事都變得倒楣。

他們的FB都是一些亂罵人的，看了也影響心情，索性統統都取消追蹤，眼不見為淨，刪除對方也好。你不需要浪費時間在他們的情緒上，那真的與你無關。

至於那些喜歡酸人、道人是非的朋友，能遠離就遠離，因為他們會這樣對別人，也可能會這樣對你。現在若聽到別人在批評他人，我都只會聽聽就好，不必太認真，也不要涉入其中，因為你聽到的也不一定是真的。而這樣的人，你也要抱著懷疑的態度，不要太過親近。

你會發現很多事情都是「個性決定命運」。我們無法改變別人（也不需要），而是改變自己的心態。

理直，不必氣壯，而是用更有禮貌、更有格調的方法，去表達你的想法和態度。「氣和」是**修養**、是**智慧**，比起「氣壯」**會讓人更尊重你、更欣賞你**。

# 女人之間的友誼戰爭

有些讀者會問我有關於女性友誼的問題,說到女人與女人之間的友誼,真的跟男人之間的友誼不一樣,多了很多眉角,和經營友誼、相處上的地雷。

很多女生都有人際關係上的困擾,也會遇到排擠、互相傷害之類的問題,其實我自己從小到大也經歷了不少與女性交友的問題。

現在年長了,對女生之間的友誼有更成熟的想法,也不太會因為一些交友上的小事所困擾。因為我更懂得自己想要的是什麼,也不會勉強自己一定要跟誰做朋友、要當個大好人、人緣好的人。因為真心的朋友不必多,選擇好的「益友」才會讓你的人生更快樂、更有成長。

分享一些女生之間友誼常會遇到的幾個問題:

## 遠離喜歡嫉妒、八卦別人,背後說壞話的朋友

女人最常遇到的就是這類喜歡在別人背後說壞話,扯別人後

腿，甚至製造謠言、嚼舌根的「八婆」。雖然八卦大家都難免愛聽，但是聽一聽後，你更應該保持清醒，不要涉入，因為，**如果今天他是容易出賣朋友，說別人壞話的「朋友」，難保他不會也這麼對你。**

有些人喜歡用這種方式去吸引注意、凝聚友情，或許他覺得這是個交朋友的方法，但殊不知其實別人內心裡會對你打×，也會對你的人品有疑慮。

我曾經不只一次聽到不認識的朋友透過朋友來轉達，告訴我要小心某個朋友，因為他們聽到他在背後說我的壞話，覺得很不妥，所以特地來告知。我聽了覺得很訝異也有趣，原來，在背後說別人壞話的人，別人其實並不一定會相信他，而且在他人眼中已經被打折扣了。那麼你想傷害別人，結果害的其實是自己。

很多女生會因為「嫉妒」別的女生而去說她的壞話。倒不是她真的做了什麼事或得罪到她，只是羨慕變成嫉妒，嫉妒變成了恨，於是去說她的壞話。

女人的嫉妒心是很恐怖的，如果你發現朋友是個善妒的人，最好保持距離。

也要小心喜歡用別人的祕密來交換祕密的人，對她來說，說別人祕密是一種交朋友的方法，這實在是非常恐怖的。

如果遇到很愛在背後說壞話的朋友要怎麼辦？除了保持距離不要太常往來外，不小心遇到也最好不要涉入其中，變成她們

的八卦團友。我朋友有個聰明的做法，就是聽到有人在說壞話時，就會找理由先離開，譬如上廁所或有事先走。不要讓自己變成她們的一份子。

## 重色輕友，表裡不一，只在乎男生的女生

有一種女生，在男生面前和女生面前是完全不一樣的。

很多女人最不喜歡的就是那種在男人面前演很兇，但私下又是另一個樣子的女生。譬如在男生面前裝柔弱、清純無辜、裝可愛，但實際個性卻完全不是那麼一回事。

她們只在乎男生喜不喜歡她，是不是男人心中的女神。對其他女生朋友，反而不會這麼用心、眞心，甚至要你幫他欺騙男生，幫她演戲。

也有一種女生很「重色輕友」，尤其談了戀愛就不理朋友，只重視男友的想法，對女生朋友的邀約活動總是遲到、爽約。也有一種女生很誇張，只喜歡跟男生出去，因爲男生會請客，但跟女生朋友出去要平均分擔，所以她們喜歡跟男生約會勝過跟女生朋友聚會。

如果遇到這樣的女生，你不必跟她一起演戲，也不用去討厭她，畢竟你們是不同世界的人，你只要活在你的星球就好，不用去煩惱她的星球的事。忍受不了，就不要往來，保持君子之交淡如水的距離就好。

## 試圖想要勾引你另一半的女生

這是最可怕的一種女生朋友，她會去做勾引朋友另一半的事，甚至會背著女生朋友，跟她的男友一直私訊、私下往來，而不讓你知道。

她們通常因為單身沒有對象，羨慕你的另一半對你好，所以會把自己的期望投射到你另一半身上，希望自己也能交往像他一樣的男友。

我過去曾遇過一些暗戀我男朋友的女性朋友，她們會跟我往來也只是因為喜歡我的男友，所以會想辦法以朋友的名義來慢慢接近。

我一開始也不覺得有什麼奇怪，後來才漸漸發現，原來有些女生是別有所圖的，當我分手後，她們馬上去追求我以前的男友。現在想起來，真的很誇張。

我並不喜歡去防人，也不想去想太多，但是後來發現有些事情還是要自己小心一點好。**有些朋友也是要多觀察，尤其是會莫名接近你的朋友，或太過刻意想表現友好的人。**

當然，你自己的男友要夠好、有定力，不受誘惑很重要，這也不是一個巴掌拍得響的。但還是要小心一些有企圖的女生，免得找自己麻煩。

## 無法認同她的價值觀、私領域

你曾想過，有什麼樣的朋友是你絕對不會往來的？因為你不接受、不認同她的價值觀或她所做的事。如果是我，我其實對朋友的私領域是不太在意的，她單身要跟多少人約會、交往，要一夜情……那都是她的私事，我覺得不是很重要。如果說有什麼是我一定不能接受的朋友，就是當第三者，破壞別人婚姻的朋友，我覺得這是我交朋友的底線。

我指的是刻意當第三者，並不是被騙，而是故意的，她們很享受當第三者的感覺，並且把破壞別人婚姻當作沒什麼大不了的事，這是我無法接受的。

你一定也有不能接受的朋友，如果不能接受她所做的事，那麼就不要去交這個朋友，免得自己不開心，對方也覺得你管太多。

如果你無法認同，不能接受，也覺得彼此的世界真的不一樣，那麼就去找那些跟你價值觀比較相似的人做朋友吧！

## 永無止境消耗你的朋友

有一種朋友會一直消耗你，總是要你一直付出、要你對她好，但是他只是消耗你，也不會感謝或珍惜，更別說回報了。

譬如說總是要你一直幫忙。當然幫忙朋友是應該的，但是她

干擾到你的正常生活，希望你給她方便，但總是把你當隨便，最後累死的是你自己。

　　以前我也是個濫好人，很容易答應別人的要求，也很難拒絕別人，所以總是把自己搞得很累，去做很多我並不想做的事，參加我沒興趣的局，最後得到什麼？似乎只是消耗自己的生命在無意義的事情上。

　　現在我懂得拒絕，如果沒有真心喜歡、想要的，**如果對方不是我覺得重要的朋友邀約，我也不想勉強自己。因為我們年紀越大，時間越少，不需要浪費自己太多時間。**

　　如果朋友只是因為你一時的拒絕就不開心，那麼，她也不是你真正的朋友，失去了也不用覺得可惜。

## 小心只會利用別人，有目的性接近他人的朋友

　　其實我很怕一種會一直推銷東西的朋友，她交朋友的目的都是為了「業務」，她想要透過朋友去經營自己的人脈，滲透、利用你的交友圈，然後去騷擾你的朋友。這種目的性太強的人，我都會很小心。

　　尤其我自己會觀察，那種特別喜歡跟有名有利的人交朋友的人，我會特別保持距離。譬如說，觀察一個朋友的聚會裡，有的人會到處去認識那些有名有利、對自己有幫助的人，交換聯絡方式下次約他，她們反而對那些「沒有利用價值」的人不

理不睬。對她們來說，交朋友就是很現實的，就是要可以利用的。

這樣的人，我會刻意保持距離，就算我是她心中覺得可以交的朋友，我也不想要成為她的目標物。我自己交朋友也不會刻意只去認識有名有利的，反而比較重視朋友的真心。

我不想要被人利用，也不想要利用別人。

## 職場友誼：工作往來的友誼不必太交心

有一種友誼建立在職場上，像是同事、老闆或客戶……這一類的朋友，當然，可以透過工作認識不同朋友、交到朋友也是很好的事，但絕對不要忘了你是在工作。

工作上交友要更小心，有人說不會去加同事、老闆的FB，因為不想要私人的事情、行程被知道太多。我覺得有道理，因為工作歸工作，你的私人生活最好不要跟工作涉入太多，你的私事也不一定要讓同事知道。

最傻的是，自己什麼私事都拿來跟同事分享、討論，彷彿沒有祕密，但是別人知道後，可能會把你的工作表現連結到你的私領域。譬如說，你一直在同事面前哭訴失戀，一旦你工作表現不好，她們就會覺得你的私事影響公事。

認真建議工作上的友誼，要保留一點，也不必太過交心。因為工作上的友誼和你一般的友誼還是有些不同，工作上有利害

關係，最好不要讓工作上的人知道你太多私事，這也是保護自己的一種方法。

## 喜愛製造對立、小團體和塑造敵我關係

從小到大，女生聚在一起就是容易形成「女生團體」去排擠別人。年紀大了點，發現還是有很多女生感覺活在學生時代的「小圈圈」，你要跟誰好、跟誰不好……真是一件很幼稚的行為。

尤其有一種人交朋友的方法是「敵人的敵人就是我的朋友」，他們非常重視敵我關係，去塑造敵人、剷除異己。並且要求身邊的朋友也要跟她站在同一國。我只能說，跟這種人做朋友，不只幼稚，還很累。

**建議不要讓自己去活在某個小團體，而是保有自己的獨立思考能力，去分辨是非對錯，也擁有選擇朋友的自由。**如果別人要製造對立，你也不要傻傻的去相信別人說的話，而是要去思考、去觀察。

## 喜歡指責別人，用自己的價值觀衡量別人

有一種朋友喜歡到處指責別人，評論別人，用自己的價值觀去衡量別人，希望別人照著她的想法去做。我覺得這是一種很

不尊重他人的行為。

譬如說，她們會去問別人：「為什麼不結婚？」「為什麼不生小孩？」「為什麼不生第二個？」很愛管別人的私事，見鬼！別人想要怎麼過日子與你何干？你覺得快樂的，別人不一定也覺得是啊！你想生兩個，不代表別人也想生啊？

用自己的想法去干涉別人是一種很討人厭的行為，也很沒禮貌。總是要表現自己就是對的，別人就是錯的，去評斷別人，這種朋友，真的能少就少。既然道不同，就不相為謀。

當然，你也要時時刻刻去提醒自己不要成為這樣的人。

## 好的朋友，懂得尊重彼此的不同

我覺得一個好的朋友是懂得尊重別人的，尊重朋友的不同，也尊重別人的想法。不去干涉你，但必要的時候，一定給你支持和力量。

好的朋友會給你正面的力量，跟你一起變得更好，一起鼓勵、一起成長，你可以從她身上學到東西，你們彼此尊重、互相信任，你一定懂這種朋友才是「益友」。

朋友的質感真的比數量重要，**不必勉強自己要當人緣好的人，或別人口中的大好人，而是選擇真正適合你、相處起來自在又舒服的人當朋友。**

也要常使用「斷捨離」的精神去清理自己的朋友名單，過

濾，也遠離不適合你的朋友，保持距離，把更多的時間留給真正好的朋友。

　　女人之間的友誼的確經營不易，擁有好的朋友會讓你的人生更美好，好好經營管理你的友誼，讓真正的好朋友可以跟你一起陪伴到老，女人老了還是要有好姊妹，生活才會有樂趣，不是嗎？

# 一笑置之的智慧

常被問到許多這樣的問題:「請問要如何維持好心情,來面對生活中的不如意?」

我曾在直播裡回答:「很多事情我都覺得不重要,所以不會為了小事煩惱。」簡單來說,對於那些不重要的小事,我不用浪費時間心力去不開心,因為我知道生活中還有更重要的事。

而且在我這個年紀,其實也不會像二十幾歲時容易因為一點點小事情不開心。也因為自己內心比較強大,更懂得自己要什麼,所以不會輕易受到影響。

生活中難免會遇到不如意,最重要的還是自己的心態。

## 自尋煩惱是:你把不重要的人看得太重要

偶爾聽到或看到朋友間、網路上一些抱怨或靠北之類,我覺得,很多人都是自己把煩惱往身上堆,太在意那些有的沒的小事(或小人),其實理智想想,那些人事物真的很重要嗎?如果不重要,為什麼我們又要為了他們煩惱、不開心呢?

我分享過讓自己快樂的一個好方法，就是「分類法」，區分什麼是重要、什麼不重要。OK，那麼不重要的，你根本不用放在心上啊！他不喜歡你，不關你的事，他要找你麻煩，你就遠離他，他要罵你，你就笑笑的把他當屁。既然不重要，又為何要花心思、花力氣、花時間在他們身上？

仔細想想，你人生中真正重要的人也不太會超過十個吧，所以，**認真的對待、愛你覺得重要的人就好了。不重要的人不喜歡你，那又如何？**

沒事就整理一下自己交友圈，清理一下自己的FB帳號，封鎖一些不想看到的前任，你會覺得人生很清爽，真的不要那麼容易受到別人（不重要的人）的影響！

如果那些不重要的人，還是會來招惹、煩你怎麼辦？就是冷處理、不理他、不在乎他。工作上遇到，你就當作這是工作考驗，生活上遇到，你就當作修練智慧。別人的問題，是他的問題，不是你的，你不必為他人的錯誤、愚蠢、無禮而不愉快，那並不是你的問題。

## 不要受到「不重要的人」影響

我不是個愛煩惱的人，因為我會務實的去想辦法、找到出路，因為煩惱並不能解決問題，只是浪費時間。你會發現，大多數的煩惱都是自尋煩惱和庸人自擾。

最蠢的是，別人覺得你不重要，你還一直把對方看得太重要。別人不在乎你，你還一直惦記著他。明明不喜歡對方，還要一直關注他。（你有事嗎？）

人生要把時間花在美好快樂、有意義、讓你進步的事情上，把不重要的人看得太重要，不是別人的問題，是你自己的問題啊！到底，我們為什麼要為了不重要的人不開心？

## 懂你的人，不需要解釋，不懂你的人，更不用解釋

朋友說，為了不了解他、誤解他的人難過。我說，若是不重要的人，就別浪費心力了。因為，懂你的人，不需要解釋，不懂你的人，更不用解釋。

我也常遇到很多我根本不認識的人，會用他們對我的想像去評論我是什麼樣的人，講得好像跟我很熟、很了解我，但我根本不知道他們是誰，也沒見過。在網路上更多，很多人會用想像力去編織傳言、道聽塗說，甚至抹黑、造謠⋯⋯我常會覺得很無奈，也不懂為什麼別人要這樣對我。

但是，現在的我已經不是那個內心脆弱的女孩了，我知道我不必為了莫須有的事情去浪費精神傷心難過。每當有人說著那些不了解我的人，因為對我的誤解而不喜歡我時，我也不想再去解釋。我只會說：「他們討厭的，也不是真正的我啊！」我知道自己是什麼樣的人，那就好。

有人問我：「如果你遇到那些討厭你的人時，你會怎麼辦？」我說：「點頭微笑就好，畢竟我也不認識他們啊！」我不用因此覺得自己有錯，或覺得膽怯、恐懼，因為我也沒做什麼傷害他們的事（因為我也不認識他們啊），又為什麼要因為害怕被討厭，而讓自己不開心？

## 你會被喜歡，也會被討厭

以前的我，害怕被討厭，所以總是想要取悅別人。就算我沒做錯任何事，別人莫名的對我不友善，我也會覺得是不是自己哪裡不好。

以前在網路上只要有人攻擊我或批評我，我都會友善的私訊給對方，問對方我哪裡做得不好、哪裡有錯？就算別人說不出理由，只是想找麻煩，我也會怕別人不喜歡我。那時候的我，內心很脆弱，又要表面故作堅強。

經過十幾年的歷練，現在的我遇到一樣的事情，已經不會有那樣自責的心態，當然，我還是會對人友善，我還是一樣的我。但我可以體諒別人對我不友善、沒有禮貌，或無故的攻擊，或許是他心情不好，想要找個人發洩，所以我不必太認真或太自責。

我也明瞭，不會有一個人是大家都喜歡的，不管你做得多好，你不去傷害別人，還是會有人看你不順眼。這不一定是你

的錯，也不一定是他的錯，只是每個人的喜好不同。

朋友說，有的人討厭別人並不是因為別人做了什麼不好的事，而是那人擁有他沒有的東西，所以讓他嫉妒、不開心。

不要想去取悅每個人，只要發自內心的把自己做好，就好。我們要學會尊重每個人都有喜歡、不喜歡的權利，但我們不要去當那個因為不喜歡就去傷害別人的人。

## 遠離那些會讓你不幸的人

如果遇到那些對你不友善、想傷害你，甚至影響你變得負面的人，就遠離吧！

網路上有一種說法是「垃圾人定律」，有些人總是身上帶著許多憤怒、不滿的情緒，想要傾倒在別人的身上發洩，如果你遇到他就保持距離，不要讓垃圾人有機會靠近你，影響你的心情，甚至影響到你的生活。因為他們會讓你不幸、不快樂，人生充滿垃圾的人，根本就不是重要的人。

你越年長，越知道時間有限，無法浪費太多時間在不重要的人身上，你的人生，只能浪費在你愛的人身上。

**為了不重要的人煩心，只是浪費生命。為了不在乎你的人傷心，只是消耗自己。為了不愛你的人難過，只是糟蹋自己。為了別人的愚蠢生氣，只是浪費力氣。**

人生不長也不短，要怎麼過，要不要快樂，都在於你自己，

不是別人。沒有人有義務要讓你快樂，也沒有人能決定你的快樂。

　　對於那些不重要的，不了解你的，不會帶給你快樂和成長的，就一笑置之吧！給別人更多寬容，也給自己更寬廣的心。只有你才能決定你的情緒、心態、人生，為自己而活！

# 批評他人，
# 不如精進自己

努力讓自己變得更好，更勝於去評論別人。

很多人會遇到被批評或被惡意傷害的事，但是經歷了一些人生的歷練你會知道，其實那些都不重要，重要的是，你努力讓自己成為什麼樣的人。

不要浪費時間在批評別人，而是要把時間花在精進自己、增強自己上。人生經驗告訴我們，批評他人，傷害的不是他人，而是自己的人品。所以，又何必為了你不欣賞的人傷了自己的格調？

許多人會被一些不重要的人對自己的批評、中傷而難過。其

實，當你越有歷練、成熟，你會知道，不去爭不代表你輸，當你努力做好自己，時間自然會證明一切。

我常笑說，偶爾吃點虧也無所謂，被人家虧一下也別計較。當你內心強大，你會做的不是去爭、去復仇或傷害別人，而是，笑笑的看淡很多事，不被影響。因為你知道，當你覺得會受傷的事，就不要去傷害別人。傷害別人不代表你贏，絕對不要成為自己也討厭的那一種人。

多欣賞別人的好，多跟別人學習。少一點嫉妒心，讓自己內心更寬廣。不要去跟別人比較，而是讓自己比過去更好。不要想贏過別人，而是多幫助別人。

想要幸福，就多送給別人一些幸福感，想要快樂，就當那個先付出的人。想要世界對你微笑，你就要先對人笑。

人生中總會遇到傷害、批評、挫折，我們要從中學習，鍛鍊自己的氣度，讓自己從中變得更好，有幫助的虛心接受，不好的

學會放下。把那些負面能量轉化成你的正面動力，那就是你的收穫！想一想，人生中遇到的那些不美好的事，都是讓你變得更美好的養分。不是嗎？

#個性決定命運
#態度決定高度
#你的心態決定了你的人生方向

# 婆媳關係就是創造
距離的美感

　　自從婚後很多人問我婆媳關係的問題，我才發現，原來現在的社會，婆媳問題還是很普遍，而許多婆媳問題也會演變成婚姻問題，很多已婚的女人說，如果跟婆婆處不好，就會影響跟另一半的感情，看到網路上充滿著總是討論不完的婆媳戰爭，我常在想，現在的女生要怎麼聰明的去處理這個千古以來棘手的問題。

　　首先最重要的一點就是：「不要住在一起。」因為住在一**起一定會有生活上的摩擦，久久見一次面就會有「距離的美感」**。想想看，如果你每天住在家，看到你爸媽一定會頂嘴、鬥嘴吧！但如果你去外地念書、工作，久久才回去一次，跟爸媽的感情就會特別好、特別想家，一樣的道理。

　　其實我很訝異現在的社會，還有不少人是跟公婆住在一起（或被要求住一起），因為我自己身邊的朋友幾乎都是小家庭，很少有公婆同住的情況，但是上網看到許多人討論，才知道其實也有為數不少，不得不跟公婆同住的無奈。

## 孝順是尊重而不是服從

有的人會用「孝順」兩個字來當作要住在一起的理由，但如果住在一起不開心，也不是孝順啊！沒有住在一起的人就不孝順了嗎？並不是這麼以偏蓋全的。

如果你遇到的另一半不想搬離原生家庭，只希望你去適應他的家庭，其實你更要慎重考慮，他是不是個媽寶，或對原生家庭的依賴太重，或者是貪圖方便，因為有人幫他做家事、負擔水電、省房租⋯⋯那麼，他是不是一個沒有肩膀、沒有責任感的人呢？

我覺得孝順應該用「互相尊重」來定義比較妥當，而不是晚輩一定要「順從」長輩，或長輩一定要靠威嚴才能命令晚輩。在這個時代，其實「尊重」才是真正愛的形式。如果需要去服從、去屈服，或去命令、掌控對方，這樣的親情關係，也會令人感到非常有壓力且不快樂。

我常笑說「孝順」和「媽寶」是兩回事，我們欣賞一個孝順父母親、對長輩有禮貌的人，但並不是一個不獨立、沒有自己想法，凡事依賴、聽命父母，或拿父母當擋箭牌的「小孩」。看多了許多人遇到的媽寶問題，你會發現，**「媽寶」與「寶媽」其實是一種共生關係，互相依賴、互相拖累，其實都是不夠獨立的問題。**

## 不住一起要在一開始就明講

很多人會問：「如果住一起了怎麼搬出去？」其實一開始你不想接受就不要妥協，如果你接受了，後來又怎麼能輕易改變呢？住一起容易，搬出去難啊！

所以如果你真的不想要住一起，一開始就要說清楚，如果對方還是逼你，或覺得你這樣是讓他不孝順、不夠愛他，那麼，你也可以認清對方其實只是顧慮自己感受的人，就算你委屈在一起，未來也只會不斷發生讓你委屈的事。

我覺得步入婚姻，真的很多醜話都要說在前頭，也就是你要什麼、不要什麼，你的原則、你的底線、你想要的生活方式、你們的家庭分工、財務規畫，這一些都要在婚前說清楚，免得未來現實問題一一發生，再為了這些事情吵架。所以，要先有共識比較重要。

很多人會說，現在的社會買房不容易，所以要跟公婆住。但是，並不一定每對夫妻一開始都要買房啊，可以依照能力所及去租房，租房子容易多了，也不會一開始就有壓力。主要是夫妻倆要有自己的空間、創造自己的家庭，這樣才會真正有屬於自己家庭的感覺，而不是寄人籬下，要跟別人共享空間，沒有自己的隱私。

## 最美的距離並不是最近的距離

不只婆媳關係，其實人際關係也是，和一個人相處最好、最美的距離，並不是最近的距離。

就算跟另一半相處，也不是一定要天天二十四小時黏在一起，隨時都要掌握他的行蹤，做什麼事一定要「一起」才會感情好。其實，每個人都需要自己的空間，偶爾獨處一下，彼此忙自己的事情，見面的時候感情更好，更不容易為了小事吵架，變成「相看兩厭」的情況。

人與人相處，很多生活習慣、價值觀都不一樣，保持一個友誼的美好距離，不必為了彼此生活習慣的一些小問題而不愉快，所以把婆婆當作一種「女性的友誼」關係，我們只要快樂、正面的感受愛和情誼，不要為了彼此生活上的不同而不愉快，這樣不是很好嗎？

## 沒有住在一起，也不減關心和問候

沒有跟婆家住在一起，也要有時間傳個簡訊、打個電話問候一下，其實這些「舉手之勞」就可以讓長輩開心，逢年過節再準備禮物給對方驚喜，不是很好嗎？禮物絕對是不可缺少的，花錢就可以解決的，都是小事。

在一個美好的距離下，保有關心和問候，這樣的家庭感情會更美好。住在一起只會看見對方哪裡不夠好、哪裡不順眼，但是久久見一次面，大家都很開心，自然不會去挑剔毛病，不是嗎？

尤其許多生了小孩的父母，容易跟長輩有教養觀念不同的問題，為了教養孩子還會發生不愉快，所以更不要住在一起增加摩擦的機會。

## 了解婆婆的個性，對症下藥

我覺得最重要的是，也不要把婆婆當作假想敵，很多時候她是好意、是關心，但表達的方式可能不對，或不知道怎麼傳達，以致於變成一些溝通上的誤會和彼此的誤解。

婆媳問題很多都是對彼此的不了解所造成，**因為個性上的不同，所以相處起來總是會有摩擦，如果又溝通不良，小問題就會變成大問題。**

像我婆婆一開始就很了解我的個性，我是個有話會直說，不會口是心非，也不太會猜測，聽不太懂暗示的人（也就是說，我是個粗心的女生，心思真的很不細膩），所以我婆婆跟我溝通也就不拐彎抹角，直接說。我也是有什麼想法就跟她說（當然要用有禮貌的表達方式），所以，了解對方的個性來溝通，才不會有誤會發生。

所以我婆婆如果需要什麼也會直接跟我說，我們這樣直來直往的個性其實是很相似的，她也覺得我很好溝通，也不怕說錯話讓我想太多。（因為我就是想得不夠多啊！）

很多人面對長輩會比較不敢說自己的想法，尤其是面對婆婆，更會讓許多女生壓抑自己的想法，只想迎合或配合。但其實自己的心裡並不開心，不是自己想要的。我覺得這樣太辛苦了，而且你痛苦的配合半天，對方還以為這就是你要的，又何必呢？

## 有禮貌的做自己

面對公婆，我自己的方式是「有禮貌的做自己」，並不是壓抑自己、假裝成另一個人，我還是保有自己的想法和做法，但是我會用「有禮貌」的方式去表達、去溝通。

再來，「嘴甜」一點也不吃虧，如果婆婆對你好，你一定不要吝嗇說出感謝，大聲的說出來，也讓她聽了覺得窩心。嘴甜並不是要虛偽，而是懂得說好話，懂得把感謝掛在嘴巴。我覺得這也是「有禮貌」的一種。

還有，你要懂得「讚美」，在婆婆面前讚美你老公（她兒子），在老公面前讚美婆婆，嘿！這樣兩邊你都同時打點好了，大家皆大歡喜。

還有，你要讓婆婆知道，你對她的兒子有多好，你付出多少

都要讓她知道。這非常重要，讓她知道你照顧好她的兒子，更確切的說，她兒子要靠你照顧、打理，所以她會知道要對你好一些，畢竟，她兒子的下半生（身）是靠你啊！（笑）

我婆婆最有智慧的名言就是：「我要對媳婦好，她才會對我兒子好。」所以婆婆對我超好的，我也對她兒子很好。這不就是雙贏？

# 人際關係的「減法哲學」

現在的人，看起來認識的人多、FB上朋友很多，但是當你失意、心情不好，真正能陪伴你的朋友有多少？

許多人追求表面上看起來的朋友數字，覺得自己要擁有更多朋友，才能讓自己的生活豐富，但是，你有多少朋友是從來沒有見面、聊天，跟你約吃飯的？

更有可能，你們現實生活中一點也不熟，只是在網路上按個讚，彼此留言看起來很熟，事實上，根本不會見面，你也不想跟他約見面。

## 朋友的質比量重要

我們常有迷思，想要當一個「人緣好」「人脈好」的人，所以對於交友大多來者不拒，為了讓自己「受歡迎」，所以朋友約的局就算你沒有很喜歡也會去參加。為了讓自己成為看起來像是走在時代的尖端的人，所以許多看起來很時髦的派對、party⋯⋯也會努力參加。然後跟許多人合照、打卡，覺得自己

真的人緣好、受歡迎。

但是，當你失落、需要陪伴時，真正關心你的朋友比你想像中還少，甚至你會發現很多表面上的朋友，也會為了自己的利益來傷害、消費你，甚至他們跟你想像中的不一樣。你會發現，原來真正的朋友並不多，有很多「朋友」在你有名有利，對他有幫助的時候對你很熱絡。但當你沒有利用價值，他就會見風轉舵。就算你沒有防人之心，從來沒想過害人，但還是會有「朋友」莫名來害你。

經歷了許多現實的考驗，你才會發現，真實的友誼並不是「錦上添花」，而是懂得「雪中送炭」。

那麼，你真的需要那麼多根本沒有真正在意你、關心你，或甚至跟你不熟的朋友嗎？

## 人緣好是一種迷思

以前我也以為「人緣好」是一件好事，所以來跟我做朋友、想認識我的，我幾乎都來者不拒，也不太會過濾往來的對象。甚至，我還是個「拒絕障礙者」，很難拒絕朋友的邀約，就算我很不想去參加的聚會、不想去的地方，我也會勉強自己當個「好人」去參加一下。

最後，我並沒有因此得到比較多快樂。

## 用斷捨離來清理你的人際關係

在之前寫的書《相信你值得幸福》裡，我寫到了自己很喜歡用的「斷、捨、離」的清理概念，這觀念除了用在清理自己的房子、雜物外，我覺得用在生活、人生中也是一樣。

你會發現，你的時間並沒有很多，但是要花在很多地方上，**當你花在「不重要」的事太多時間，就沒有時間花在更「重要」的事情上**。

就像我們年紀越來越長，工作、生活、家庭……許多事情讓我們的時間很壓縮，也越來越忙碌。那麼，我們更沒有時間「浪費」在那些不重要的人、事、物上。

交朋友也要更懂得「重質不重量」，你不需要這麼多你不欣賞、沒有質感、跟你不合拍，甚至會傷害你、拖垮你、給你帶來負面影響力的朋友。如果你的朋友圈質感很差，你們不會在一起互相成長、互相鼓勵，讓彼此更好，而只會在背後說別人壞話、聚在一起八卦，做一些沒有意義的事，最後你也會活得烏煙瘴氣，覺得自己氣場越來越差，人生沒有成長。

所以「斷捨離」的第一步，就是整理自己的朋友名單。

## 遠離損友圈

整理你的FB好友名單，真的不認識、不重要也沒交集的就刪

掉，一開始會很猶豫，但刪掉後人生就會感覺變得更清爽。更何況，那麼不重要的人，又何必在意他有沒有關注你，也不必把你的私生活都讓他看到。

如果對方只會不斷的抱怨批評、憤世嫉俗，分享一些讓你看了心情更差、充滿負能量的資訊，那麼最好也取消追蹤或刪除他。

更重要的是，不要留著一些讓你看了不愉快的前任FB好友名單，你真的不需要知道他現在跟誰約會，也不需要被前任影響你現在的心情和生活。少了前任一個朋友也不會有什麼影響，又何必跟自己過不去呢？

有的人甚至會將個人當作公眾人物經營，所有私生活照片都公開，不認識的全都加好友，最後苦惱自己FB版上太多不速之客、盜用照片、窺視生活的怪人太多，其實，這只會給自己帶來麻煩。當然，如果你真的是公眾人物，那麼需要曝光、經營自己是必要的，但如果你真的不是也不想出名，那麼，好好保護自己隱私、慎選朋友可能比較好。

有些人會覺得朋友多、按讚數多，會讓他滿足，但是說實在的，那很重要嗎？那些人真的關心你、跟你很熟嗎？還是，你只是需要「按讚的朋友」？

其實想一想，你真正需要的知己有幾個？又有幾個是真正值得信任的？說真的，十個都嫌多。大部分的人，真正的朋友、推心置腹的知己其實不會超過十個的。

## 人際關係越簡單，生活越簡單

年輕時，覺得人際關係是加法、是乘法，認為受歡迎、人緣好、活動多、邀約多……就是成功和快樂。但現在想想，很多時候是我們自己虛榮，是我們太勉強了自己。現在，我會覺得生活越簡單、朋友圈越簡單越好，這是一種簡單的幸福。

我也讓自己的生活變得更簡單，不想去的、不需要、不重要、有的沒的活動，我再也不會有人約就去，因為我想把時間花在更有意義的事情上，就算我沒事在家，好好的看書休息，做自己真正喜歡的事，也比去那些皮笑肉不笑的的場合開心。

在愛情裡也是，與其跟一堆可有可無的人搞曖昧，以為自己放了很多條線，當花蝴蝶，就可以從中選到「對的人」。其實，**真正會遇到「對的人」並不是在你有很多選項的情況，而是，你願意讓自己清空心靈的空間、好好的生活，去認識了解對方。你只需要留一個位置給他，而不是你有好多位置都給了過客。**

人際關係的減法哲學是你懂得選擇益友，懂得生活中什麼人事物才是重要，並「浪費」時間在那些真正值得的人事物身上。你會發現，快樂很簡單，是我們想得太複雜了，不是嗎？

# 對別人好，不用委屈自己

　　常聽到許多人在抱怨：「爲什麼我對他那麼好、付出那麼多，他還是背叛我？」「我對他那麼好，他都不懂得感謝，只有我在付出……」「我爲他犧牲了那麼多，最後換來的是分手？」

　　但說眞的，「對別人好」這件事情，本身不是錯的，錯在你付出在「錯的人」身上，以及，你總是委屈自己來討好別人，想要用付出來交換愛情或友情，這件事本身就不合理。

　　談戀愛的時候，我們常會有一種付出就要有回報的態度（說付出不要回報，基本上是自己騙自己），我們認爲愛情是很無我、很偉大的，如果我們可以忍受自己不喜歡的事情，逼自己去做那些本來不會做的事，去得到對方的好感、感謝和愛，這才是眞愛吧？

　　在人際關係上，也有的人認爲自己總是對朋友好，所以朋友一定要回報他同等的情誼。但其實，你的好可能變成別人的壓力，或者是，你太刻意討好別人了，別人也不一定是眞心的在乎你。

## 失去自我，只為討好別人

於是很多人會去努力配合對方，甚至隱藏了自己的個性，只想當一個對方喜歡的人，而不是真正的自己。

譬如說有的人會去當對方的傭人，幫他打掃、打理家裡，覺得自己做得這麼好、地板掃得這麼乾淨，對方一定會更愛他。我還聽過就算分手了，還去對方家裡打掃，還要清理對方跟新女友的垃圾，她說著覺得自己好無私、好偉大，我真的只想搖醒她。

親愛的，他感謝你只是因為你是個很好的女傭，並不是把你當女友。

有的人為了要留住對方，所以什麼委屈都忍耐。譬如對方花心、不肯承認感情、對外裝單身，甚至也願意跟對方一起演出不能公開感情的戲碼。（天啊！你們是偶像明星嗎？）

有的人會去做那些自己明明不喜歡、不想做的事情，只為了讓對方更喜歡自己。雖然說，因為跟對方在一起，你也會想要陪伴他，陪他做他喜歡的事情，這也無可厚非。但是，如果你真的沒有興趣、不想做，其實不必勉強自己一定要時時刻刻都跟對方黏在一起，我後來才覺得，與其互相陪伴對方做自己不怎麼有興趣的事，不如各自去做自己喜歡的事情，再來分享心得會更開心。

## 真正的愛不會讓你感到委屈

如果你們感情夠好，有足夠的信任，並不一定要時時刻刻陪在一起才能鞏固感情。也不是要放下手邊重要的、有興趣的事情去陪他，才代表你夠愛他。

**真正的愛並不是犧牲自己、委屈自己，才能換得，那種能夠暫時換來的，都不是真正屬於你的愛。**

當年那些陪了半天、忍了半天，最後感情還不是都散了？看看那些委屈自己、忍辱負重的人，最後有得到想要的愛情嗎？後來有過得幸福快樂嗎？並沒有。就算他好不容易獲得了婚姻，得到了對方，他的婚姻也是在漫長的忍耐和痛苦中度過。

對方覺得你可以接受那些不平等的對待，你就很難再站起身，當你可以接受他跟別人搞曖昧，他劈腿回來你還是等著他，那麼，你覺得他還會再尊重你嗎？

## 友誼也不是用討好得來的

不只是愛情，與人相處也是，有些人會用刻意討好來贏得友誼，得到別人的喜歡。什麼是刻意討好呢？就是那並不是發自你的真心，也可能是為了某個目的。

常看到許多人為了某些目的去接近對自己有利的人，去跟他們做朋友，於是很多友誼都是包含了某種利害關係。

也有人為了討好自己的朋友,一起去批評他不喜歡的人,藉此拉攏友誼。這也是一種「敵人的敵人是我的朋友」的概念,但,這樣的友誼,是真實的嗎?

如果你認為友誼是要用討好的方式來交朋友,那大多時候你可能會失望,因為真正的友誼並不是「交換」而來的,你為了配合別人去扮演一個不像自己的人,或當個不真實的自己,最後,你也得不到一段真心的友誼。

真正的友誼,是一種舒服、自在、做自己的感覺,而不是你要刻意討好誰、融入誰。

## 不要用對自己不好的方式來討好別人

對別人好不一定是為了回報,但如果你想要回報,你也不用自我欺騙。對別人好,不是你壓榨自己、委屈自己,去討好對方。我覺得對別人好是來自你對自己好,所以你有能力去付出你的好,就像你足夠愛你自己,你才有能力去愛人。

**對別人好不是一種需索,也不是一種交換,而是,你發自內心的愛和快樂。**如果你用對自己不好的方式去對別人好,你不會快樂,而你的不快樂、期望,最後也會加諸在對方身上形成一種壓力。

最典型的就是許多父母會用犧牲自己的快樂(忍受不幸福的婚姻),對孩子說:「我都是為了你……我為你犧牲那麼

多⋯⋯」請問孩子聽了會快樂嗎？

　如果你對自己不好，只爲了討好別人，其實你內心一點也不快樂，你期望別人回報你更多，否則你的犧牲就白費了。最後別人可能跟你說：「我從來沒有要求你要犧牲。」說難聽一點，這都是你自願的，沒有人逼你，那麼，你又怎麼能逼別人要給你回報，對你負責呢？

## 自以爲是的付出變成了感情勒索

　最重要的是，很多時候，我們自以爲是的對別人好，覺得這是「爲他好」，但這並不一定是他想要的啊！這只是我們自己想要的。如果我們做的並不是對方想要的，那麼，做再多也是白費力氣。最怕的是，自以爲是的付出，自私的犧牲，最後卻跟對方去討，變成感情勒索。**很多時候，你以爲的付出，都只是你的獨角戲。**

## 付出要是一件快樂的事

　最快樂的付出是，你懂得對自己好，也對別人好，你們彼此都知道對方要的是什麼。你不用委屈自己、不用壓抑自己的不開心，相對的，你也不會委屈對方、讓對方不開心來迎合你的開心。這才是正向的付出和循環。

　　付出要來自於開心，如果做任何一件事情不是打從你內心開心，不是你真正喜歡的，那就不要去做。因為你做了、得不到回報，也只會讓自己更不開心。

　　換個角度想，如果你真的夠愛他一個人，你根本不會希望他用委屈自己的方式去愛你。因為這不是愛。

　　如果這是一段真正的友誼，也不是誰要討好誰，或者是要逼自己去做不喜歡、不認同的事。一個好的朋友會尊重你的想法、你的選擇。

　　在對自己好和對別人好，愛自己和愛對方之間，取得一個美妙的平衡，那是最美好的事！也別忘了傾聽自己內心的聲音。**愛不是掏空自己，而是先滿足自己，才有能力付出。**

# 美麗的心境就是最美的風景

我們所見的世界，往往是我們內心的反射。

心情美好，雨天也像是美麗的旋律，
心情低落，陽光也變成刺眼的光線。

擁有美麗的心，看見的世界也跟著美麗，
抱著仇恨的心，所見所聞處處不順你心。

一樣的世界，每個人眼裡都是不同風景，
有的人看見溫暖，有的人看見殘酷，
有的人看得到愛，有人只看見憤怒。
有的人懂得欣賞人們美好的一面，
有的人只看見他想相信的黑暗面。

於是許多人問，快樂為什麼好難？
但，快樂並不是你想看見晴天就不下雨，
而是，你學會在晴天跳舞，在雨天歌唱，
懂得在逆境中看見美好，在平凡中找到幸福。
遇見不美好的情況下，不失去自己美好的心。

於是明白，看見的世界來自於你的內心，
擁有美好的心，就能看見人生最美的風景。

最美的風景，也不過就是簡單平凡踏實安心。
在我一回頭，你就會在我的左右。

Part7

# 經營自己

維持自己在最佳狀態，
做個有魅力的女人

# 姊的態度

常聽到女生朋友說：「這個年紀只能當老妹了。」
我笑：「當姊更開心！」哈！能當姊，何必當老妹？

女人往往被年齡自我設限，怕自己不再年輕貌美。但人都會老（除非你要英年早逝），永遠有更多更年輕、美麗的，千萬不要把自己設限在此，如果只把年輕貌美當作自己價值，那你馬上就失去了價值。

我們可以內外兼具，家庭事業兼得，專注工作也顧好自己、家庭，可以腦袋有智慧，外表也照顧得宜。

姊不用等人照顧，而是可以顧好自己、進而照顧別人。姊不用非要有人愛，而是在愛情之前，我們更愛惜自己。姊不比年輕，而是耐看。姊不靠露得多，而是穿得適合自己，更有魅力。

姊不會奪命連環扣，而是知道生活有更多重心。姊不用為了一點小事大哭小叫，而是淡定從容、笑看人生。姊不會為了一個沒質感的愛情糟蹋自己，而是更懂得珍惜自己的價值。姊不在乎有多少人搭訕、多少人示好，只要懂我的人愛我就好。

姊擁有人生的經歷、工作上的努力，更成熟的心智，更懂得自己要什麼、不要什麼。努力提升、經營自己，這才是女人的競爭力！

揮別年紀的包袱、無腦的評論，好好為自己活，為你所愛的人、專注的事情努力！女人的價值不在年紀，而是你隨著年紀增長，給了自己多少價值。我們不當老妹，直接升級當「姊」！

#不希罕當老妹
#一起來當姊
#淡定從容
#笑看人生

# 經營感情也要經營自己

　　從小到大，常聽到許多女人在感情或婚姻觸礁時，會忿忿不平的說：「我為了你、為了家庭犧牲、付出那麼多，怎知道結果變成這樣？」「我委屈了自己，付出所有在感情上，為什麼這麼不公平？」「為什麼我這麼愛他、對他這麼好，結果他卻忘恩負義？」相信你們也聽過不少這樣的例子。

　　其實殘忍的說，感情真的很難有所謂的「公平」「正義」，往往就只有愛不愛。不愛了，似乎什麼都不是，就算結了婚也會有風險。但我們往往會有一種迷思，覺得既然在一起了，就不應該會變，結婚了，對方就要忠誠。但是，未來幾十年的事情真的很難說，當下他覺得永遠愛你，但是未來感情會有什麼變化，誰也不能保證。

　　再者，我們為什麼會以為「為對方付出什麼，他就一定要回報什麼？」你為他犧牲了、委屈了什麼，他就一定會「加倍奉還」，回報你更多？當然，**你遇到一個有良心的人，他會感謝你的付出，但如果他不懂得感謝了，你該怎麼辦？**

　　還有一種是，他的確感謝你的付出，但是他對你沒有愛了

（或他愛上別人了），最後你才會知道，**原來你的犧牲付出，並不一定等同於他回報你的愛。**

## 先懂得愛自己，才能付出愛

我觀察了很久，慢慢得出了一個結論，就是，許多人（尤其是女人）在一段感情、婚姻裡，常會想要付出所有在對方、在家庭、在孩子身上，卻吝於付出在自己身上。他們覺得把自己縮到最小，忽視自己的需求，甚至壓榨自己去付出給別人，這樣才是「偉大、無私的愛」。

但是，你總是付出愛在別人身上，吝於愛自己。最後會不會變成一個不愛自己，只為了對方而活的人？你對自己的壓抑會不會變成別人的負擔（因為我付出什麼，所以你要回報什麼），更有一種人是樂在付出，但並不懂得對方要的是什麼（他們常說：「我是為了你好。」）但這並不是對方要的好，到最後變成對方的壓力和包袱，搞到彼此都不快樂。

有時候過度付出變成一種「情感勒索」，他們會說：「都是因為你，我才不快樂……」「我為你做了這麼多，你為什麼不改變？」「我會變成這樣，都是你害的。」

其實，他們付出了太多在感情上，以為經營感情（經營家庭）是最重要的，總是為了別人而活（其實別人並沒有這樣要求你），但是並沒有好好經營自己、愛自己，沒有為自己活，

最後，你並不會因為犧牲付出比較多而得到比較多的幸福快樂。反之，用掏空自己的方式去愛人，最後也失去了自己。

## 讓另一半欣賞你，而不是因為義務跟你在一起

我覺得經營感情很重要（特別強調，「經營」是一件重要的事，並不是在一起久了就不需要經營），但是，「經營自己」也是一件很重要的事。

如果你要讓對方一直愛你、仰慕你、欣賞你，並不是用「在一起久了就理所當然」，或「責任義務」的方式去得到他的感情，而是你要讓自己不斷的成長，成為更棒的人，讓他對你的感情不變，甚至加深。說難聽一點，如果你自己都不喜歡自己，看到自己都厭煩，你怎麼期望他會喜歡你呢？

尤其是女人，不要因為在一段關係、婚姻久了就放棄自己，也不提升自己，甚至也不再好好經營感情，如果你的另一半隨著歷練和事業的提升，變得更優秀，你卻沒有進步，最後步調不一致，變得沒有話聊，也變得不再欣賞、仰慕你，那麼，你不應該更要有危機意識嗎？

## 自我成長不該因為結婚而停止

所謂的感情危機意識不是去防小三、妻管嚴、緊密掌控他的

一切，而是，你要讓自己更好、更獨立、更有競爭力、更有魅力，讓他不想離開你，而不是你一天到晚怕他離開。就算他真的離開你了，你也不會失去所有、生活陷入絕境。因為，你有能力讓自己活得好。

不要因為得到了一段穩定的關係，就停止了自我成長，你要讓自己越變越好，不間斷的學習、提升自己，也把自己照顧、打理得好，**付出愛在對方、家庭上，也要懂得付出在自己身上。因為，這年頭已經沒有委屈自己可以得到愛情的保證了。**

以我自己為例，單身的時候怎麼打理自己的，婚後還是一樣努力維持，甚至更用心維持自己的一切。我還是熱愛自己的工作，並繼續努力前進，我也學習許多以前從沒有學過的東西，像是做菜、許多課程、品油、品酒，維持閱讀、充實自我的習慣，並且繼續用心經營自己的生活。當然，我也會把家裡打理好，家事都做好，家人關係顧好，也把另一半照顧得好，但是，我也絕對不會委屈自己，對自己不好。

## 懂得對自己好，而不是要求對方對你好

我覺得最美好的感情狀態是，我對我自己好，我也會對你更好，而不是用對自己不好的方式去對你好。因為我很愛自己，所以我能付出更多愛給你，而不是我不愛自己，卻要求你給我愛。

如果忽視了自己的需求去滿足別人，自己也會心靈失調。如果對別人抱太多期望，自己不快樂，對方也會有壓力。

女人一定要懂得照顧好自己、善待自己，而不是自己顧不好，總要別人對你好，也不要用對自己很差的方式，去要求對方對你好。這都不對！你懂得對自己好、讓自己好好過生活，才會讓對方覺得「你值得好的對待」，他才會尊重你、善待你。如果讓自己過得很差，只希望對方來「拯救」你，或許可以激起一時的英雄主義，但是久了也是會疲乏。而且用同情換來的愛情，向來就不是健康的愛情。不是嗎？

在愛情之前，先想著過好自己的生活，當你過得越快樂、過得越好，自然會吸引到比較對的對象。感情要經營，自我也是。當你越懂得經營自己，你也會更有能力好好的經營感情。

# 不輸給年齡，
# 運動讓我更喜歡自己

　　說到經營自己，我要來分享一下我這一年來的改變，就是我熱愛運動，讓自己身體變得更健康、體脂肪降低，也讓自己回到身材最好的狀態。

　　**我必須誠心的跟大家說，女人（不只女人）要讓自己維持在最佳狀態、最好的體態，以及最快樂的心態，一定要運動！**

　　其實我婚後並沒有太注重自己的身材，不小心也慢慢突破體重的極限，本來我也沒有很在意，反正婚後變得沒有很愛打扮，也不會穿太性感的衣服，所以對身材不太在意。但是，慢慢的我發現，我開始只能穿一些很普通、不強調身材的衣服，原本單身時候買的合身衣服也沒在穿了，本來也覺得無所謂。但是當我買衣服時開始會找一些可以遮肉的服裝時，終於開始害怕，我會不會馬上變成大嬸了？

　　因為婚後的安逸和怠惰，讓我原本維持運動的習慣也停止了，直到有一天我發現，自己不能再這樣下去了，於是開始找回運動的習慣。

## 不當小腹婆，決心要運動

我開始練習核心運動，因為從來沒有練過核心，所以很多動作根本撐不起來，肚子也沒力氣，所以只能持續練習，不想要自己一直當「小腹婆」就要努力。接著去上課，做一些有氧、無氧的運動、重量訓練等等，慢慢的發現，半年後我的體脂肪掉了4％！真的很鼓舞人心啊！

以前雖然很多人以為我是瘦的，但其實我只是假瘦，因為天生手腳細，所以我只要露出腿，看起來就會是瘦子，但事實上身體還是肉肉的。自從開始運動後，我也愛上挑戰自己，原本核心沒有力氣，也漸漸的有了力氣，撐得起來，還不小心練出一點馬甲線，真的很令人開心。

持續運動一年，現在的我雖然還是照常吃（誰叫我是吃貨），但卻不太會胖，原來是因為肌肉量增加了，代謝也變好了，維持運動習慣真的怎麼吃也比較不會胖。

因為喜歡做料理所以很常自己做菜，**自己做菜的好處是**，用的油、食材都比較好，所以不會吃到不健康、不好的油。自己做菜也是一種維持健康和身材的好方法。

現在的我發現，以前買太小的衣服都穿得下了，真的很驚人，也很振奮人心！開始運動後的我變得更有自信也注重打扮，另一半看了也更開心（誰叫他是愛美的天秤座），我發現，**女人變美，婚姻也會更幸福，婚姻幸福，也會讓女人變**

美，這真的是相輔相成的。

## 要當一個現在比過去好的人

現在我常叫我身邊的朋友多多運動，其實不只是為了身材，也是為了健康。如果我們老了還要趴趴走、去旅行、到處玩，那麼，有健康的身體才有本錢。有好的體力，你才走得動、玩得動啊！

我不喜歡當個愛回顧過去的人，有些人會回顧多年前的自己，感嘆現在沒有以前的身材和容貌。當然，人都會老，但是，也有人保養得好、維持得好，現在看起來比過去還好看。**我希望我是那個回顧過去，慶幸自己現在過得比過去好、狀態比過去好的人**，那麼，我就不會感嘆、眷戀過去的自己，而是，把當下的自己過得好，這才是我努力的代價！

現在的我回到大學時代的身材，買衣服也不用擔心穿不下或煩惱要遮哪裡，體態變好後，我也變得更有自信、有活力，更喜歡現在的自己。

## 「好動」變成一種習慣

很多朋友覺得運動很累、很麻煩，其實並不是一開始就要設定很高的目標把自己操死，而是養成有在動的習慣就好。譬

如說多走路、搭捷運時要爬樓梯、在家看電視也順便動一動，養成隨時都會動一下的好習慣，不一定要上健身房，或要練得很累。如果我沒時間去上課運動，都會在日常生活中保持「好動」的好習慣。

再來，飲食上要盡量避免油炸食物（真的很想吃，久久吃一次就好），看起來不太乾淨、不健康的東西不要亂吃。還有，我慶幸本身不是一個愛吃甜食的人，所以甜點對我並不會有誘惑力，我也不愛喝甜的飲料，所以含糖飲料我平時也不太會碰到，這個好習慣也很重要。

## 當一個快樂的吃貨

我一直都是個快樂的吃貨，喜歡美食，所以不可能為了身材去節食，不吃東西太痛苦，會讓我心情不好。我覺得，享受美食的時候不要有罪惡感，而是快快樂樂的享受它。大不了之後再去運動就好，不要連吃個東西都要不快樂，那活著也太辛苦啦！不必逼死自己。

就算現在胖了些，也給自己鼓勵，只要努力就可以回到理想的身材。不要當個不快樂的人，被自己身材或體重數字給控制，整天說自己又胖了的女生，是很沒有魅力的！老實說，男生才不會發現你胖了一些，根本不需要到處說給人聽。

我發現有些人一直在減肥，很虐待自己，不吃，也狂運動，

但是卻一直瘦不下來。他們總是到處說自己胖，跟朋友聚餐也邊吃邊嫌食物吃了會胖，總是用很負面、很苛刻的態度對待自己，看了很令人心疼。其實你不用這麼勉強，或許讓自己放鬆一點，用快樂一點的心情去面對運動、飲食，不要給自己太大的壓力，慢慢來，不要急，重點是，要養成自己的健康生活方法。

每個人的方式不同，但我發現，**讓自己盡量活得健康一點、開心一點、狀態好一點，自然而然，你的身體也會回應你。**

自從養成運動的好習慣後，核心更有力，不小心練出了馬甲線後，體力也變好，不會那麼容易累，重點是，穿衣服也更有自信，而不是擔心哪裡要遮。雖然說年紀漸長，不可能像年輕的時候體力那麼好，但是把自己維持在好的狀態，有運動的好習慣，身體自然也會更健康。

女人千萬不要覺得自己什麼年齡了、結婚了、有穩定感情了，就忘記要好好照顧自己、打理自己、讓自己進步。而且，讓自己漂漂亮亮的，另一半也賞心悅目，還會偶爾吃醋，跟你出門也更有情趣，自己看了也開心。

讓自己有自信的方法就是，努力讓自己維持在好的狀態。不跟別人比，跟自己比。有自信，你自然會變得更有魅力！

# 就算對方不要你了，
你也要漂亮的活下去

逛服飾店的時候，聽到老闆娘說她朋友的故事，結婚二十幾年後，才發現老公跟一個二十幾歲的女孩外遇，連孩子都偷偷生了，現在正在鬧離婚。

她感嘆說：「這就是臨老入花叢吧！本來是大家眼中人人稱羨的好夫妻、好命的醫生娘，人生突然變了樣，也不知道該怎麼辦……」

我想了想，其實類似這樣的故事一點也不陌生，二十年才癢算晚了。

身邊常會聽到許多像這樣突然離婚的故事，聽多了漸漸從訝異變成不意外。在離婚率這麼高的年代，已婚的人常被問：「不會怕嗎？」

分享我自己的想法，我覺得不論感情或婚姻，本來就要有「危機意識」，不是要你每天胡思亂想、患得患失……而是要去想，如果有一天他不要你了，感情變了，你要怎麼過？

## 做最壞的打算，最好的準備

所以，務實一點想，你要做好準備。**不論感情多好，你都要有隨時可以一個人好好過的準備**，你要有自己的經濟能力、學習理財儲蓄，當你身上有錢，你不必為了幾塊錢跟對方討，或被人家糟蹋。

你不要只依附對方，就算有伴或結婚，你也要有自我的獨立性，你有自己想法、能夠享受獨處、有自己的好友圈、有自己的興趣與專長就不要放棄，或許有一天，你的興趣專長可以成為你的事業。

女人要有自己的經濟能力，這樣才不用總是依附對方，如果真的發生什麼不幸，你也有自己養活自己的能力。男人說：「我會養你一輩子。」聽了開心，但聽聽就好，因為誰也沒辦法保證一輩子的事。

## 結婚後不能擺爛，也不能理所當然

重要的是，感情要經營，不要指望對方一定會愛你一輩子，而是雙方都要為了維持感情而努力。

不能婚後擺爛、任性發洩負能量，覺得對方做什麼都是應該的，計較誰付出比較多……沒有經營的關係就像是沒有整理的房子，久了自然髒到吸引蚊蟲（第三者）靠近。

## 女人永遠都要記得經營自己

最最最重要的是，你要懂得經營自己，不能因為在一段穩定的關係裡就不再自我提升，不管外在、內在、事業、智慧……你都要讓自己越變越好！

**好到對方會欣賞你，會覺得跟你在一起很驕傲，好到他怕失去你，而不是你怕失去他。**

## 不要寄望「對方有良心」

人生總有很多意外，就算你做得再好、你沒錯，不愛了就是不愛了。如果要把自己的人生都押注在對方有沒有良心這件事上，還不如多為自己做好準備。人可能會變，如果有一天他不愛你了，那跟有沒有良心沒有關係。

或許有良心一點的會在離婚後善待你，但沒有良心的，什麼都不會給你。你不覺得賭男人有沒有良心，是一件很高風險的事嗎？

## 不要因為愛情放棄自我、失去自我

千萬不要太依賴愛情，把愛情當作生活重心，那麼有一天你失去了愛情，就失去了所有。在感情裡，也不要委曲求全、擔

心害怕，讓自己變得不可愛、沒魅力，而是找到一個讓自己快
樂的方式去愛。

　　有愛情的時候，我們努力經營、活得精采，失去愛情的時
候，我們也要為自己漂亮的活下去。

　　寫給每一個你。

# 選愛情，
# 還是選工作？

許多年輕女孩會問，當愛情和工作、學業、理想……出現了要做選擇的時候，該怎麼選？繼續問下去才知道，通常都是想要為了愛情放棄想做的事，我都會要她們去問問大十歲以上的姊這個問題。

女孩啊，年輕的時候我們也以為愛情很偉大，偉大到我們必須失去自我、犧牲奉獻、忍耐考驗……這樣我們才覺得夠愛他，他才會感激我們。但是，錯了！

最後我們得到的通常不是偉大的愛情，而是失去愛情也失去自己。過了一個歲數你才會懂，一個真正愛你的人，不會要你去做那些你不喜歡的事、要你放棄什麼、忍受什麼痛苦、成為不

像自己的人，來「證明」愛情。

不是姊悲觀，而是若你為了愛情放棄學業、工作、理想，甚至你的家人、你的生活……有一天若你失去了愛情，那你什麼都沒有了。

硬要你去失去什麼才能得到的愛情，都不是真愛。而一個真正愛你的人，他不會硬要你去放棄什麼，而是會支持你、鼓勵你，讓你做一個最棒的自己。

你現在失去了愛情不用可惜。因為當你越成長、越提升自己，讓自己更好，你才會遇到對的人、談一段有質感的愛情。

年輕時誤以為沒有男人會死，但現在發現其實我們都活得好好的，而且沒有他活得更好。當你越成熟越會發現，沒有愛情不會死，而是沒有錢、存款、工作……才會想死。

愛情會離開你，但只有投資在自己身上的努力，不會離開你。

愛情是甜點，不是主食。是你生活的一部份，但絕不是生活的重心。

或許你還年輕，還有時間揮霍，但不要浪費太多生命在無法讓你真正快樂、無法跟你一起進步，也無法承認你、無法只愛你的人身上。

你可以談愛情，但夠成熟了再談婚姻。不成熟的愛情就不需要用婚姻的期望去經營。不要談了愛情就先想著要為他放棄什麼，當你越有這樣想法，你的愛情就注定失敗。

做一個獨立的人，而不是倚靠愛情而活的人。找一個真正欣賞你的人，而不是要你成為他想像的人。

好好念書、好好工作，好好經營自己、提升自己，為自己的人生多做努力。好的愛情才會在你最好的狀況下來臨。

# 美貌是優待票，
# 但不是幸福人生的通行證

　　我們常會聽到許多人羨慕長得漂亮的女生，覺得長得漂亮的女生享有很多好處，運氣比較好，也比較受歡迎，談戀愛也比一般人順利（追求者眾），甚至在職場上也比較吃香。

　　所以許多女生們紛紛希望自己變成正妹，覺得外表很重要，沒有出色的外表真的很吃虧。其實，現實來說多多少少如此，外表的確重要，人都會被外表所影響，第一印象也影響許多時候的判斷。

　　**我不會說外表不重要，那是騙人的（除非我們是瞎子），但是，真的「只有」外表重要嗎？那可不見得。**從小到大也見過不少美女，有人說，美貌是人生的優待票，外表好看的人會幸運的得到許多「門票」，不管是感情、生活或工作上，但是，美貌一定是保證嗎？並不是。

　　到了現在這個坐三望四的年紀，也觀察到不少人的變化，我一直很想寫這一篇文章，來探討「擁有美貌的人是不是永遠都是幸運兒？」這個話題。

## 過了三十歲，靠的是後天的努力

我發現，擁有美貌的人的確在生活中幸運的得到「優待票」，比起其他平凡的人，她們的好運和關注的確多了太多，但是，這張「優待票」並不是永久的，也就是說，美貌是有期限的，好運也是，但因為「優待票」得來太容易了，所以她們往往沒有發現自己不小心超過了有效期限。

的確，上天是不公平的，人生而不平等，所以有的人天生聰明、富有、長得好看、擁有天賦，但是我覺得人的天生好運只有到二十幾歲，過了三十歲，靠的是你後天的造化和努力。**許多人空有先天的好運，但是後天不努力，還是會失敗**，也有的人知道自己先天不足，所以後天特別努力，結果龜兔賽跑也會勝利。

說到美貌，有些人說「美人沒有美命」（台語），以前的我不認同，覺得這是歧視好看的人，但是後來發現，想要有好命，其實真的跟美貌不一定有相關。

說起我人生中曾見過的幾個大美女，小時候、年輕的時候，我都很羨慕她們，但是把時間拉長，過了十幾二十年後，你會發現，每個人的變化很多。以前你會羨慕的人，或許你現在早已超越了他，以前你覺得很好看的人怎麼變醜了，以前你以為是醜小鴨的人變好看了，或是小時候功課比你差的人，現在成就居然比你高。於是我發現，如果天生擁有美貌，但是後天不

努力,只想靠美貌走捷徑的人,通常之後走下坡的速度比一般人還要快。

## 成也美貌,敗也美貌

我學生時代認識的女生A,她從小就是校花等級的大美女,追求她的男生真的各校都有,所以當我們還在坐公車上下學的時候,就有不同的男生每天接送她。當她上大學的時候,追求她的還包括社會人士,當我們還不知道什麼是名牌的時候,她已經天天背各種名牌包上學。

她不只漂亮,也考上好的大學,令人羨慕不已,大學時代就已經有社會人士的男友養她(又稱sugar daddy),畢業後見過幾次,很訝異她一直都沒有在工作,但全身都是名牌。表面上她的生活過得很愜意,但總覺得跟我們一般人不同,大家也不知道要聊什麼,所以就沒有聯絡了。

過了幾年不小心遇見她,沒想到她的長相早已變得認不出來,聽說換了幾個能養她的男友,後來分手了,現在年紀大了不容易找到金援她的男友才要出來工作。但從沒工作經驗的她也吃不了苦、做不了低薪的工作,人生似乎就在不斷換工作中度過。

另一個也是小時候校花級的美女B,從小就拍廣告,model般的身材讓許多同學羨慕不已,畢業後聽說也考上不錯的國立大

學，輾轉幾年，再聽到她的消息沒想到是在新聞上，原來她在大學打工的時候跟公司的老闆交往當小三，老闆為了她跟妻子離婚，與她結婚，但沒幾年又外遇，還鬧上新聞，最後還不給她贍養費。現在她自己帶著小孩，或許迫於經濟壓力，又不容易找到工作（即使她是國立大學畢業，但是沒有工作經驗），後來只好到聲色場所賺錢。以前的同學聽到她現在的際遇，都替她覺得可惜。

還有很多例子，都是一些我們以前很羨慕的大美女，她們是天生的幸運兒，但不知道為什麼，這些擁有人生優待票的人們，最後往往都被太容易得到優待所誤，於是不再努力、恣意揮霍自己的本錢，覺得**得到太容易了，比起那些沒有先天優勢所以要特別努力的人，她們很容易覺得人生就應該會一路「幸運」下去。**

## 當美貌消失了，你剩下什麼？

這樣的美女，不知為何美貌消失得都很快，往往過了十幾二十年再見到，你會突然覺得她沒有這麼迷人了，當大家都在努力前進的時候，她還是原地踏步，如果有一天，美貌不再值錢、容易被取代，如果不努力、沒有實力，還剩下什麼？

當然，也有些幸運兒她們不只有美貌，更懂得努力，於是她更懂得珍惜自己的「優待票」，不想讓自己只有靠美貌，努力

證明自己，讓自己成功，讓自己的成就超越美貌。

你會發現，有些以前看起來不怎麼漂亮的女生，甚至是醜小鴨，當她們孜孜不倦的努力，讓自己變得更好，慢慢的，她越來越有魅力，也變得更有自信，變得更美。這一些「走老運」的女人，不怕自己天生沒有優待票，而是自己去開創人生，掙來成功的門票。

如果，你以為只要有美貌就容易得到愛情或成功，那真的只是一時的，人生要走得長遠，靠的不只是幸運這麼簡單。

## 靠外表的愛情，並不能長久

以愛情來說，你覺得漂亮的人比你更容易談戀愛、更多人追，但是，看看你的周遭，真的是漂亮的人比較幸福嗎？並不一定。

你覺得外貌出色的人在職場上比較吃香。但是，真正在職場上成功的人，都是外貌出色的人嗎？也不一定。

長得漂亮的人容易得到愛情，但是經營一段感情和婚姻，靠的不是美色（可能小三 or 小王還比你醜）。長得好看的人容易在人生中拿到優待票，比別人省力輕鬆，但並不是幸福人生的通行證。只想靠外表得到幸福人生的通行證，最後也往往會發現，現實沒有他們想的這麼簡單。

或許你現在羨慕別人比你好運、先天條件比你好，但千萬不

要氣餒，因為未來還是要靠你後天的努力，只要努力，你就能超越。如果你剛好是那個幸運兒，也不要只想靠「好運」過一生，有一天運氣用完了，你不珍惜，它消失的速度會比你想的還快。

如果你很幸運，那你更要證明，你靠的不只是幸運。

**你要努力當一個越活越漂亮的人，當一個禁得起考驗的人，就算你沒有天生的好運，你還是可以靠自己走「老運」。**

人生這麼長，懂得經營自己，相信自己的價值，就算沒有好運也能創造「老運」的人，才是聰明人啊！

美貌是優待票，但是人生要過得漂亮，靠的還是自己。

# 長得漂亮是優勢，
# 活得漂亮是本事

　　許多年輕的讀者會問我，她們對於自己的外表沒有自信，覺得因為不夠漂亮所以戀愛不順、不受歡迎，也因為沒有自信，所以覺得再怎麼優秀或努力，沒有好看的外表就是不吃香。

　　聽了後，我都會笑笑跟她們說：「等你過了三十歲，就會有不一樣的看法了！」

　　因為外表會改變，很多年輕時候漂亮的女生，不一定老了還是一樣，但是，很多從前只是醜小鴨的女孩，因為自己的努力，變得更有光芒、更亮麗。**如果說長得漂亮是父母的功勞，那麼年過三十以後還要好看，要活得漂亮，其實是你自己的努力啊！**

　　我的身邊有許多跟我年紀差不多的女生，在三十幾到四十歲之間，慢慢的會發現，從前學生時代漂亮的女生，不一定還跟年輕的時候一樣，但是，許多從前沒沒無聞、不亮麗的女孩，在這十幾年的歷練和努力後，變得更美，也更有魅力。

## 努力讓自己過得幸福，你會越來越漂亮

你會發現，要讓人生過得漂亮，並不是美貌的功勞，而是你的頭腦、你的個性和你付出的努力。

**漂亮的人不一定幸福，但是，能讓自己過得幸福的女人，會越來越漂亮。**

長得漂亮的人，可以很輕易的得到想要的東西，也比較幸運，很多時候就會因此覺得理所當然或鬆懈。這好比是龜兔賽跑，兔子總是跑得快，但是太過於自負，最後還是被默默追上的烏龜給比下去。

有吸引人的外表當然是好事，但是若總是想用美貌的捷徑去得到想要的東西，往往最後付出的代價更大。

在愛情裡有一句話：「以色事人者，色衰而愛弛，愛弛則恩絕。」用美貌吸引而來的愛情，往往也因為色衰而失去。漂亮的女人更要認清，這個男人是為了你的外表而來，還是真正懂得欣賞你的內在。否則，往往會變成「怎麼得到，怎麼失去」。

而幸不幸福，往往跟外表也沒有直接的關係，選一個對的人經營感情，懂得放手或學會珍惜，靠的是你的智慧。時間久了你會感覺，無論談愛情或交朋友，擁有美好的性格，比起美麗的外表還重要。

# 女人，你可以全拿！

看看身邊許多優秀、活得精采的女生，她們最吸引人的地方就是努力將自己經營得好、將生活（或婚姻家庭）打理得好，那股認真自信的態度，讓人覺得好有魅力。因為，她們從來不會放棄自我，即使年紀大了、進入婚姻、有了孩子，還是將自己活得很漂亮，然後再把這樣的快樂回饋、付出給身邊的人。

我們社會往往會有一些不利於女人的阻礙，或者是有了家庭的女人，往往要迫於現實去放棄妥協一些，傳統的觀念也多少會讓女人有所受限。

但是許多女人在婚姻家庭之外，也努力的去學習、去得到更好的發展。我覺得最重要的就是，不要受限自己，不要因為別人說你做不到就放棄，即便你有小小的夢想，也可以慢慢的去實現它。

女人要擁有自己的專長與夢想，透過努力經營，便可以在事業和家庭中取得平衡，讓自己經濟獨立或善於理財，也會讓自己更有自信，有自信的女人在愛情裡、婚姻裡會得到更多的尊重和愛。那麼，**當別人以為你遇到人生的選項時，只能選擇或放棄，你也可以「以上皆是」，不是嗎？**

## 有經濟能力的女人能讓自己更美麗

我常聽到許多熟女笑說：「我可以沒有愛情，但是不能沒有錢。」也就是說到了一個年紀，已經不會是年輕時那樣「沒人愛會死」，也知道愛情不能當飯吃，以前會爲了失戀死去活來，現在覺得認眞工作賺錢才是眞正屬於自己的。

到了一個年紀後，你會發現，女人要美麗，一定要有錢。因爲你要維持外表、打理自己，不管是買保養品、做臉、按摩、運動課程，或穿著、打扮，大多都需要花錢，甚至去學習、進修、旅行……那麼，年紀越長，有錢的女人就更有資本讓自己維持美麗和進步。

當你活得越漂亮，你也會讓自己變得更漂亮，這似乎也是一種正向的循環。就像是女人談了戀愛、結了婚後，變得好不好看，也跟你愛情的品質、婚姻的好壞有關，你過著什麼樣的生活，就會寫在你的臉上。

## 對的人，讓你變得更美！

我們常會覺得哪個朋友婚後變得好看了，那就是另一半的功勞，如果愛不對人，美女也會變得黯淡。

所以，我認爲一個女人要活得漂亮，在愛情裡，談一場有質感的戀愛、跟對的人在一起，能過得眞正幸福快樂，才會讓你越來越美。至於會傷害你、消耗你、拖垮你的人，懂得放手，頭腦清醒，你才會讓自己擁有眞正幸福的權力。就算分手離婚

後，你也會變得更好！

在生活上，不要停止學習，不要放棄自己。讓自己變得更好，懂得經營自己的生活，擁有一些有質感的好朋友，保持自己的經濟能力。不要局限自己，也不要覺得年紀大了就一定不能怎樣，越有魅力的女人，年紀越長散發出來的個人魅力才真正吸引人呢！

**長得漂亮是優勢，活得漂亮是本事。當你不斷自我成長，你會更有自信，會吸引更多美好的事物來到你生命。**

讓生活過得精采充實，年紀和外表不應該是你的局限，而是你有能力讓自己活得漂亮，三十歲以後的人生，你的人生後半場，要靠自己的努力！

# 做一個你自己也會愛上的女人

「你愛自己嗎？」如果這個問題拿來問很多女生，恐怕很多女生還是卡在「我不知道怎麼愛自己」這個關卡。

有的女生跟我說，自己照了鏡子都不喜歡自己。有的困在不幸福的關係中，說很討厭自己。有更多的女生一直活在沒有自信、自我否定的負面情緒中，覺得自己不夠好才沒有人愛，覺得自己不夠瘦、不夠美，所以得不到愛情。

親愛的，不要再這樣沒有自信了好嗎？所謂的自信並不是要求完美，因為，根本沒有人是完美的，也沒有完美這件事。而是，你要懂得欣賞、接受自己的本質，在努力提升自己、讓自己進步的同時，也不要否定當下的自己。

## 不要設限，給自己機會去試試看

自從最近剪了高中畢業二十年來最短的髮型，突然覺得自己充滿了活力！也更喜歡現在的自己，就像我在跟大家直播時說過，如果有小叮噹時光機可以回到過去任何一刻，我都不想，

因爲我最喜歡當下、現在的自己。

我從來不是念舊的人，我不喜歡浪費時間緬懷過去，因爲，我只想要努力讓自己的現在、未來更好！和過去比起來，現在的你會更喜歡自己，這也是成長的收穫，不是嗎？

二十幾歲失戀時只哭一天，三十幾歲失戀時只哭一次。**親愛的，眼淚不是拿來浪費給不愛你、不值得的人，以後要流淚，請在感動、快樂的時候再哭。**

我們往往給自己太多框架、束縛，覺得自己怎樣一定不好看、一定做不到……但是，你永遠不去努力、去嘗試，就只能停留在原地。那麼，爲什麼不給自己機會試試看呢？

那天跟朋友聊天，我說到：「你現在還年輕，nothing to lose！」既然如此，爲什麼要給自己太多設限，不讓自己有更多機會？（不管是工作還是愛情，當然，我們還是要懂得保護自己。）請做一個自己也會愛上的女人吧！愛上自己並不是自戀或是自私，而是，你懂得欣賞自己，喜歡不完美的自己，並且會愛惜、尊重自己。

## 接受自己，活得自在

一個有魅力的女人，她所散發出來的魅力並不是因爲她很完美，而是，把不完美的自己活得很自在、很驕傲，無懼他人的眼光，也不怕別人不喜歡自己。這並不是要當個討人厭的人，

而是，你跟自己相處的時候，要自在。

　害怕獨處、總是處處覺得不自在、怕自己不夠好的女人，也是時時刻刻提醒大家她有什麼缺點，怕別人不愛她的女人，總是分分秒秒要確認對方是不是愛她、是不是不愛她。

　你不覺得這樣很累嗎？而這一切其實都是你自己的心態，你讓自己成為一個自己不愛的人。

　對我來說，我覺得努力經營自己、提升自己是很重要的，但我也不會因為自己有什麼缺點而否定自己，而是抱著正面積極的態度去改善它。如果改變不了的天生問題（例如身高）我就欣然接受它，把它當作我獨有的個人特色。

　慢慢的接受自己，你就會活得更愜意，而這種自在愜意的氣質，就是你獨特個人魅力的來源。

　也不要去當總愛回顧過去美好的人，而是，讓自己的當下過得好、不枉此生。

　不要當個只能懷念過去美好的人，而是要當一個，你很慶幸現在比過去好的人。那麼，你就沒有白活了！

　**做一個你也會喜歡的自己，你也會感染對方去欣賞你的美好。總是否定自己的女生一點也不可愛，就算是大美女，也沒有魅力。**

　永遠喜歡當下的自己，不要當個只懷念過去美好的人，而是當一個慶幸現在比過去更好的人。你才沒有白活過！

後記

# 聰明的女人不是等待幸福、
# 跟別人要幸福，
# 而是創造自己要的幸福！

　　以前以為非得要擁有什麼才是幸福，經歷了歲月才懂，幸福是珍惜已擁有。以前覺得幸福是要得到越多、要緊緊抓牢，後來才明瞭，得到幸福前，要先學會放手。害怕失去而緊握在手的，不會讓你幸福，讓你感到幸福的是踏實心安，平靜淡定。

　　幸福無法比較、無法量化，也沒有準則，不必貪心，少點計較，多些寬容，不要羨慕別人的，忽略自己擁有的。

　　經歷過許多，你會發現，有時候失去也是幸福，困境才能找到幸福，離開你的人，才是讓你未來更幸福的貴人。

　　真正的幸福無關有沒有伴，而是當你獨處時，仍感到內心豐盛、自在從容。

　　聰明的女人不要去等待幸福來敲門，也不要等待別人給你幸福，而是去創造幸福，先給自己一個充滿幸福的心態，讓自己有能力去過自己想要的幸福生活。當你活得快樂，享受跟自己

的相處，這時候才會遇到跟你一樣能給得起幸福的人。

有伴侶的人，不要把幸福當作另一半對你多好的量表，而是先去付出，然後感謝他的付出。如果你總是把對方對你好不好當作幸福的標準，你很難知足，也只會挑剔抱怨。

創造自己想要的幸福生活並不一定要有伴，而是不管有沒有伴，或是伴侶離開了你，你依然可以靠自己，給自己想要的幸福生活。沒有人可以讓你不幸福，除了你自己。而，任何會讓你不幸的，請不要讓他成為你幸福路上的路障。決定要不要幸福的是你自己，不是別人。

讓自己成為內心強大的女人、充滿幸福感的女人、帶著笑容的女人、溫柔有智慧的女人。愛、幸福、快樂，不要向別人要，你要先給你自己。我們一起努力吧！

在這裡我要特別感謝我的另一半，結婚這將近三年來，他是我最好的伴侶、支持者、讀者。每當我沮喪、疲憊，失去信心的時候，他都給我最好的支持和力量，他也不吝惜給我許多建議，雖然有時候覺得他碎碎唸很煩，但還是很感謝有這麼一個人這樣關心我，期望我更好。

如果我婚後變成一個更好的人，最大的功臣一定就是他。

他教我要謙卑、要努力、要待人有禮、要愛惜羽毛、要努力創作、要幫助別人、要對自己擁有的事情抱著感謝的心。他讓我成為一個更好的自己，也願意為了他，成為更好的女人。

　　幸福的確不容易，即使擁有了它，也時時刻刻提醒自己要努力經營、用心付出。婚姻經營更不容易，我也常告訴自己要更有智慧、更寬容，我都開玩笑說是「吞忍」（台語）！但其實，相處在一起，不就是一種各退一步，各讓一步的智慧嗎？

　　感謝他讓我學會珍惜生活中每件值得感恩的事，學會分辨值不值得、需不需要的瑣事，讓我學會做個更懂得付出的人。每當晚上我在書房熬夜寫稿，把他丟在客廳好幾個小時，甚至聽到他在客廳累到睡著打呼的聲音（笑），還堅持等我忙完才肯一起去房間睡覺。心裡都覺得，有一個人能這樣支持、陪伴的感覺，真的很幸福。

　　也感謝他為了跟我在一起，承受不該屬於他的壓力和流言，感謝他不畏懼風雨，不害怕別人的不祝福，堅持要給我幸福。看著他忍受那些有的沒的流言，卻要表現得比我堅強的模樣，我好心疼，也決定一定要讓他幸福得令人羨慕！

　　更幸運的是，有愛著我的婆家，還有永遠愛我的家人、至親好友，一直以來對我的默默支持、鼓勵。我很幸福擁有你們的愛，我會更努力去回報你們。

　　謝謝支持我、願意看完這本書的讀者，有你們，就是我寫作最大的動力。

　　謝謝你，謝謝你們。

ILLY

國家圖書館出版品預行編目資料

美好的愛，是先給自己幸福／女王 著.
--初版.--臺北市：圓神，2017.07
　　320 面；14.8×20.8公分 --（圓神文叢；217）

　　ISBN 978-986-133-622-0（平裝）
　　1. 兩性關係　2. 戀愛
544.7　　　　　　　　　　　　　　106008613

www.booklife.com.tw　　　　　　　　　reader@mail.eurasian.com.tw

圓神文叢 217

# 美好的愛，是先給自己幸福

作　　者／女王
發 行 人／簡志忠
出 版 者／圓神出版社有限公司
地　　址／台北市南京東路四段50號6樓之1
電　　話／（02）2579-6600 · 2579-8800 · 2570-3939
傳　　真／（02）2579-0338 · 2577-3220 · 2570-3636
總 編 輯／陳秋月
主　　編／吳靜怡
責任編輯／吳靜怡
校　　對／吳靜怡 · 鍾宜君
美術編輯／金益健
行銷企畫／陳姵蒨 · 陳禹伶
印務統籌／劉鳳剛 · 高榮祥
監　　印／高榮祥
排　　版／杜易蓉
經 銷 商／叩應股份有限公司
郵撥帳號／ 18707239
法律顧問／圓神出版事業機構法律顧問　蕭雄淋律師
印　　刷／國碩印前科技股份有限公司
2017年7月　初版
2021年7月　17刷

定價 370 元　　　　　ISBN 978-986-133-622-0